中华精神家园

信仰之光

万事如意

民间吉神与文化内涵

（下）肖东发 主编　陈书媛 编著

北方妇女儿童出版社

吕洞宾让苏吉利成灶神（二）

苏吉利这下就没法专心听别人谈话了。他转过身子坐正，慢悠悠地磕了磕烟袋锅，然后伸头往茶杯里一瞥，茶杯倒是有些旧了，但绝对是干净的。微绿的茶叶在温水中散发着清香，没有什么污垢。

他抬眼看了看一脸微笑的老道士，回答说："道长，这茶叶是干净的，杯子也不脏，您这是什么意思呢？"老道士听后也不搭话，缓缓将一杯茶水喝下了，然后又要求苏吉利为他再倒一杯。

苏吉利这时已经满头雾水了。但是他仍然举起茶壶又为老道长续了一杯茶。在雾气升腾中，老道士的脸庞竟像染了祥云仙气一般，把

> **拂尘** 又称尘拂、拂子、尾、尘尾，是一种于手柄前端附上兽毛或丝状麻布的工具或器物，一般用作扫除尘迹或驱赶蚊蝇之用。在道教文化中，拂尘是道士常用的器物，一些武术流派更视拂尘为一种武器。拂尘也是汉传佛教法器，象征扫去烦恼。

■ 古代陶灶台

■ 古代厨房内景

苏吉利看呆了。但是老道士仍然没有举起茶杯，而是又问了同样的问题。

这下苏吉利就有些不耐烦了。他暗想，难道这道士这副架势，是想给我讲道？如此纠缠到底有什么意思呢？这样心中一烦，说出口的话就急躁了些："当然是干净的，都是同一个壶，同一盏杯，哪里会有不干净的道理呢？"

老道士不急不缓地说："善人啊，有时这机缘造化可是十分巧妙呢。就算茶杯无心脏污，怕是也会有人将其计算一番哪。善人何不仔细查看茶杯的底部呢？"

苏吉利一撇嘴，就怕看到是一块茶叶渣子，又会被这道士趁机说教。他一边伸手拿起茶杯，一边无奈地打量着老道士。难道是附近的哪个道观最近清闲，命人下山传教来了？

但是拿起茶杯一看，苏吉利愣住了。茶杯底部分明就是几块碎石子，在柔软的茶叶中十分扎眼。他惊异地抬起头，问老道士："您这是什么意思？这到底是怎么回事？"

老道士温和地说："苏大人，我想嘱咐给您的刚才都已经说了，您好自为之吧。"话音刚落，老道士的身影就消失了。

苏吉利从惊诧中回过神以后，立即意识到刚才自己是有幸遇见了亲自来点化他的神仙。细细回想今天的行程，并未觉得有任何不妥，到底是哪里做错了

茶 我国南方的嘉木，茶树的叶子制成茶叶后可以泡水饮用，有强心、利尿的功效，是一种保健饮品。茶的口感甘甜，清新醇厚，香味持久，是我国各地普遍受欢迎的一种饮料，同时也是世界三大饮料之首。茶是我国人民对世界饮食文化的贡献。

呢？想着想着，苏吉利一拍脑门，那个药材箱子！

苏吉利匆匆回府后，砸开箱底，果然，在一个夹层之内，有着数不清的金子。真是千算万算也防不住有心人啊。苏吉利一边摇头苦笑，一边就叫来手下，把金子都运回富商府上去了。

就这样，苏吉利从此更加谨慎，直到寿终正寝时都还是一生清廉。人们思念他，怀念他，因此家家都向上天祭告，希望苏吉利能在天庭安乐祥和，永享富贵。吕洞宾一直都很看重苏吉利，因此也打算为苏吉利封个神位。

但是，该叫他做什么神才好呢？财神吧，他这一生不贪钱夺利，做财神恐怕不妥；武神呢，苏吉利是个文官，也不太擅长那些打打杀杀之事；喜神呢？但苏吉利生性淡泊，实在也不适合操办这么热闹的事。

经过一番苦思冥想之后，吕洞宾一拍大腿，既然百姓们都对他如此依依不舍，那就让他常居在人们的家中当灶神好了。这样，人们每天都能让他知晓家中琐事，也能时时祭拜他。再说，厨房里全是烟气，也算了却了他成仙后不能再沾烟草的遗憾了。

天庭 是我国古代神话传说中天帝的宫廷，是众神居住、游玩、工作的地方。据说以9层浮在空中的云承托着，入口处在紫薇之星与北斗之星相对的南天门，由第一重天瑶池到第九重天离恨天共计33层。

■ 古代厨房内景

范成大 （1126年~1193年），字致能，号称石湖居士，南宋诗人，谥文穆。从江西派入手，后学习中、晚唐诗，终于自成一家。风格平易浅显、清新妩媚。诗题材广泛，以反映农村社会生活内容的作品成就最高。他与杨万里、陆游、尤袤合称南宋"中兴四大诗人"。

就这样，苏吉利成了一名灶神。他总是吞吐着烟气，静静地在人们的家中侧耳细听人间所发生之事，就像以前一样。

唐代以前，习惯上以农历十二月初八或每月晦日为灶神上天之日，通常都于是日祭祀灶神，但也有在七夕祭祀灶神的。

历代文人对于年复一年的腊月祭灶活动，耳闻目睹颇有深感。唐代罗隐有：

一盏清茶一缕烟，灶君皇帝上青天。
玉皇若问人间事，蒙道文章不值钱。

罗隐苦读诗书，十试不中，屡次落第，家贫如洗，待到腊月二十四，祭灶神时，他供上一杯清茶和一炷香，便算了事。借祭灶神吟诗发泄，满腹牢骚。

■ 天地三界十方万灵真宰像

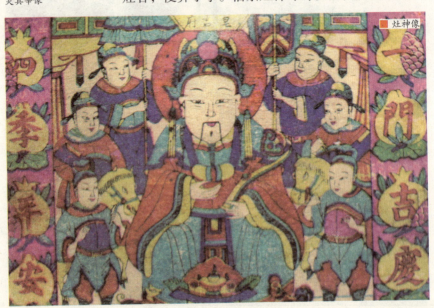

■ 灶神像

到了宋代，祭灶神的祭品及其活动已形成一定规律。《梦梁录》载：

> 腊月二十四日，不以穷富，皆备蔬菜糖豆祀灶。此日市间及街坊，叫卖五色米食花果胶牙糖萁豆，叫声鼎沸。

南宋著名诗人范成大有《祭灶诗》：

> 古传腊月二十四，灶君朝天欲言事。云车风马小留连，家有杯盘丰典祀。猪头烂熟双鱼鲜，豆沙甘松粉饵团。男儿酌献女儿避，酹酒烧钱灶君喜。婢子斗争君莫闻，猫犬触秽君莫嗔。送君醉饱登天门，杓长杓短勿复云。乞取利市归来兮！

这首诗反映了当时江南民间腊月祭灶活动的盛典，成为后世研究我国习俗的很有价值的风俗史料。

我国福建沙县送灶又有"民三军四赵家二十五"的说法。相传赵匡胤有一年出征打仗，回家误了祭灶时间，于是规定农家二十三日、军家二十四日、赵氏皇家二十五日送灶，年三十晚接回灶君，这个规矩一

罗隐（833年~909年），原名横，字昭谏。唐末五代时期的一位道、儒兼修的道家学者。他于859年赴京应试不中，此后考了十多次，均未考中，史称"十上不第"。他为人正直刚强，为文好讥刺时政，不为腐败昏庸的统治者所喜。落第后，怀才不遇的罗隐四出游历，一路体察民情，关心人民疾苦，发之于诗文，一时脍炙人口。他一生作品很多，有《谗书》、《淮海寓言》、《湘南应用集》等。

直在沙县流传。据说沙县以前送灶时家家还要点盏竹制的"八卦灯"，一直燃到正月十五才能熄灭，称为"长明灯"。

北宋时期，开封作为当时的京城，过年的气息很浓，孟元老在《东京梦华录》中说，从农历的腊月十五到正月十五，开封城的大街小巷"皆结彩棚，铺陈冠梳……间列舞场歌馆，车马交驰"。王安石写诗说："车马纷纷白昼同，万家灯火暖春风。"

宋代以后，灶神上天的时间发生了变化，江北地区的习俗以农历腊月二十三日为灶王上天日，江南地区的风俗以农历腊月二十四日为灶王上天之日。

农历腊月二十三和二十四这两天，开封人就开始焚香祭拜灶神，称为"祭灶"。当时，开封城里已经流传这样的民谣："腊八祭灶，年节来到，小妮戴花，小儿放炮，老婆儿穿花袄，老头儿哈哈笑。"

■ 西晋越窑青瓷灶

北宋经济繁荣，都城开封生活着大量市民、手工业者、商人和兵士。经济繁荣带动了商品经济的发展，随着腊月二十三祭灶的开始，"豪门之家，遇雪即开庭，塑雪狮，装雪灯，以会辞旧。"

北宋的开封人把腊月二十三日这天当成辞灶日，民谣说："腊月二十三，灶王爷上西天。"传说，灶王爷是玉皇大帝派到人间监视善恶的神，被尊为"灶君""灶王"或"灶王爷"，每年腊月二十三这天，他上天向玉皇大帝汇报。为此，每年腊月二十三晚上，家家为他设祭饯行，谓之"辞灶"。

■ 灶君殿

祭灶仪式多在晚上进行，祭灶时，先摆上糖果和黄米面窝窝，祭灶人跪在灶王爷像前，怀抱公鸡，也有人让孩子抱鸡跪于大人之后的。据说，鸡是灶王爷升天时骑的马，故把鸡称为"马"。

烧香后，屋内香烟缭绕，人们开始磕头，把旧灶神连同它两边的"上天言好事，回宫降吉祥"的对联揭下烧掉，就算是送灶王爷上天了。

烧灶王爷像的同时，还要烧一些谷草和杂粮，意思是给灶王喂马。直到腊月三十晚上，再请来新灶王，贴上灶王图，有的人家在灶王爷像两边贴上对

祭拜 在特定的时候朝拜一些人物神明等的传统，具体的祭祀的目的主要是弭灾、求福、报谢。祭祀是华夏礼典的一部分，更是儒教礼仪中最重要的部分，礼有五经，莫重于祭，是以事神致福。祭祀对象分为三类：天神、地祇、人鬼。天神称祀，地祇称祭，宗庙称享。

联:"二十三日上天去,正月初一下界来。"

祭灶这天,要燃放新年的第一轮鞭炮,还要吃麻糖、火烧等祭灶食品,有的地方还要吃糖糕、油饼,喝豆腐汤。在北宋时期的开封,典型的祭灶食品是灶糖。灶糖是一种又粘嘴又粘牙的麦芽糖,据说,祭灶用灶糖是为了让灶王爷吃过甜食,在玉帝面前多进好言,也有人说,祭灶用灶糖是要粘住嘴馋好事、爱说闲话的灶君奶奶的嘴。

祭灶祭灶,新年来到。过了腊月二十三,妇女们开始蒸馍、做花糕、炸丸子,一直忙到除夕。男人们则杀猪宰羊,置办年货,赶集上店,打酒买菜。腊月二十三后,百无禁忌,按旧日的说法,不能成婚者可以在此时婚嫁,谓之"乱岁"。

祭灶完毕,人们要在家里进行大扫除,即"扫房子"。全家人一起动手,搬箱挪柜,将屋里屋外彻底打扫一遍,锅碗瓢勺全部洗刷干净,窗明几净,焕然一新。凡在外地工作、经商、上学的人,都争取在腊月二十三这天赶回家,欢欢喜喜过个年。

河南腊月二十三祭灶的习俗,伴有一则凄凉的民间传说。古代的时候,一对老夫妇仅有一子,两人视儿子如掌上明珠,十分疼爱。但因家中贫困,无以糊口,只得让儿子到煤矿去挖煤。

■ 祭灶泥塑

儿子久去不归，老人格外想念。这天，老太婆嘱老汉到煤矿看看。路上，老汉遇到一个光脚片的同路人，两人越走越熟，相处十分融洽。闲谈之中，老汉得知光脚片是受阎王指使，来矿上收回一百名矿工。老汉心急如焚，乞求光脚片留下自己的儿子。光脚片慷慨应允，嘱他不要告诉别人。

见了儿子，老汉佯装害病，儿子侍奉左右，一直无法下井。不久，煤矿出了事故，老汉赶忙把儿子领回家里。

■ 灶王爷画像

转眼三年过去了，这年腊月二十二夜里，老汉想起当年的风险，忍不住对老伴说了。

谁知此话被灶君听走了，二十三晚上，灶君上天对玉帝讲了这件事。玉帝恼羞成怒，立即惩罚了光脚片，并收走了老汉的儿子。

为此，每到腊月二十三这天，人们敬灶君吃灶糖，希望他到天宫后，不要再搬弄人间是非。久而之，人们都在腊月二十三祭灶。

每到腊月二十三这天，中原城乡噼噼叭叭燃放起新年的第一轮鞭炮。城镇居民忙于购买麻糖、火烧等祭灶食品。而在广大农村，祭灶的准备活动和隆重的祭灶仪式便在震耳欲聋的炮声中渐渐拉开了帷幕。

祭灶仪式多在晚上进行。祭灶时，若是红公鸡，

阎王 又叫"阎摩罗王""阎魔王"等，汉译为"缚"、捆绑、捉拿有罪过之人。他能判决人的生前之罪，并加以赏罚。阎罗王的职责是统领阴间的诸神，审判人生前的行为并给与相应的惩罚。在佛教中，阎王信仰有很多各自不同但互相联系的说法，比如"平等王""双王"等。

灶王庙

俗称"红马"，白公鸡，俗称"白马"。

　　焚烧香表后，屋内香烟缭绕，充满了神秘的色彩。男主人斟酒叩头，嘴里念念有词。当念完后，祭灶人高喊一声"领"！然后天执酒浇鸡头。若鸡头扑楞有声，说明灶爷已经领情。若鸡头纹丝不动，还需再浇。

阅读链接

　　传说灶神原来是火神，而且是一位民间的贵族小姐。有一天，这位小姐因为没吃到喜爱的饭菜，就大发脾气，把桌上的碗筷全都扔到了地上。这一幕恰巧让路过的王母娘娘看见了，对她不珍惜粮食的做法十分生气，就将她变为了灶神。

　　这位贵族小姐离开了锦衣玉食的生活，要天天闻着油烟味，心中十分不满却又不敢违反王母娘娘的命令离开，于是，她动不动就发脾气。人们怕得罪了她，只好处处避让，每次都拿上好的祭品来讨好她，这就是祭灶的来由。

朱元璋家的灶神报喜讯

将灶王送上了天，还得负责接回来。灶王爷上天待多长时间呢？这也有不同的说法。

一种说法是：灶王在除夕之夜，偕同其他神仙一起从天而降，灶君为诸神做向导，给千家万户带来吉或凶、福或祸。到了正月，诸神都返回天上，只有灶君还留驻人间，居于小小的灶头之上，继续伺察人们的善恶。

还有一种说法是：灶君上天奏事，来回总共七回。

灶君老爷正月初一从天上

■民间年画——灶君像

葛洪（284—364），字稚川，自号抱朴子，世称小仙翁。是东晋时期的道教领袖，擅长丹道和医术，精通道儒，学贯百家。在治术、医学、音乐和文学等方面也多成就，主要著作有《抱朴子》。

回来，家家户户又可做祭祀，称作"接灶"。

接灶有点像为远方来客或外地归来的亲人接风，尽可能将丰盛的酒菜，作为供品，让旅途劳顿的灶神享用，还要焚香礼拜，以示恭敬。

随便做什么事，都有可能碰到意外的情况，接灶也是如此。明代陈继儒所著《见闻录》中，记载了这样一桩怪事：

明朝有个兵部尚书，名叫张悦。他有一次在接灶神时，一只家犬蹲在了灶头上，他也不去赶，任凭家犬凑热闹，依然照拜灶君不误。

说来也怪，那只狗突然从灶上跌下，居然立刻就一命呜呼了。全家人都说这是不祥之兆，但张悦却不动声色，镇静地对家人说："见怪不怪，其怪自败。"接灶一切如仪。后来他家果然平平安安，没有发生任何不幸的事情。这桩事情传出去后，有人便断

■ 迎灶神

言，这是灶神保佑了张悦一家。

对灶君的崇敬，除了毕恭毕敬的祀奉外，还表现在许多忌讳上。由于对灶王爷既尊重，又畏惧，在心理上有很大的反差，人们便设计出了各种各样的忌讳来。这些忌讳，主要是灶前什么东西不能放，什么话不能说，什么事不能做；尤其是对女人，禁忌就更多了。

■ 灶神像

对灶君避忌记载最详细的，当推《敬灶全书·灶上避忌》了。严格规定："不得用灶火烧香；不得击灶；不得将刀、斧置于灶上；不得在灶前讲怪话、发牢骚、哭泣、呼唤、唱歌；不得在灶前小便、吐唾沫；不得在灶前赤身露体；月经未完的妇女不得经过灶前；披头散发者不得烧饭做菜；不得将污脏物送入灶内燃烧"，等等。

因此古人认为，讨好灶神，认真祭灶是非常严肃的事。基本上，灶神告什么状，天帝就会给你定下什么惩罚。东晋道教学家葛洪，在他所著的道教经典《抱朴子·内篇》里写道：

　　月晦之夜，灶神亦上天白人罪状。大者夺纪。纪者，三百日也。小者夺算。算者，一百日也。

085

司命之神

灶神

尚书　秦代及汉代初期与尚冠、尚衣、尚食、尚浴、尚席，称"六尚"。汉武帝时，选拔尚书、中书、侍中组成中朝或称"内朝"，成为实际上的朝廷决策机关，因系近臣，地位渐高。和御史、史书令史等都是由太史选拔。隋以后尚书为六部长官。

明太祖 （1328
年～1398年），
朱元璋，明王朝
开国皇帝。庙号
太祖，谥号开天
行道肇纪立极大
圣至神仁文义武
俊德成功高皇
帝。明太祖朱元
璋最重要的功绩
是驱逐胡虏，除
暴乱，拯救民
族，废除了蒙古
人制定的种族等
级政策，恢复了
中华。

086

万事如意

民间吉神与文化内涵

也就是说，谁要是得罪了灶神，严重的要少活
300天，轻微的也要少活100天。试想，平白无故地丢
掉几百日的寿命，这种惩罚实在是让人畏惧。

民间普遍认为灶王爷是和人们最贴近的神灵之
一，因此一定要十分恭敬，绝对不能贸然敲打灶台。
这个讲究也是很有来历的，因为传说明太祖朱元璋的
母亲就曾因不尊敬自家的灶神而吃了大亏：

相传明太祖朱元璋小的时候，家里很穷。一天，
朱元璋的母亲正在做饭，突然有一只喜鹊闯进来，叫
道："朱家天下万万年！朱家天下万万年！"

朱母正为做饭弄得手忙脚乱，生气地用勺子敲打
灶台，轰赶喜鹊说："什么万万年，不要乱跟我开玩
笑！我看哪，有个二百七十六年就不错啦！"

■ 灶神年画

这时，被朱母敲得鼻青脸肿
的灶神现身了。他无奈地对朱母
说："朱老妈呀，老天爷让你们朱
家天下万万年就是万万年了嘛，
你干吗还生气呀？这下可好了，
你说要二百七十六年，那就只有
二百七十六年喽。"

后来，朱元璋做上皇帝后开
创了明王朝，明朝果然只存在了
二百七十六年。

受这个传说的影响，过去有
的农家为取谐音，祭灶时会在灶
神的左右摆上一对瓶子，宝瓶意

味着"保平"，由此期望灶神保佑，能天天吃上饭，保住平安。所以，人们敬灶神的目的很明确，就是保佑平安。

每年到了腊月二十三或二十四，灶王爷要升天报告一年的情况时，人们还要为灶王爷摆上供品，供上好吃好喝的，这就是所谓的祭灶。

祭灶的日期也有地区上的分别。一般北方习俗是在农历的腊月二十三日晚上奉祀灶君，焚香祀送。南方习俗则是在每年的农历腊月二十四日晚上奉祀灶君，焚香祀送。

■ 祭拜灶王爷

祭灶之期也分阶层，关于何时祭灶，民间有所谓"官辞三、民辞四、邓家辞五"，也有说法是：忘了辞五，别辞六，就是说，二十三、二十四没辞，就辞五，但千万不要辞六了。

"官辞三"指的是官绅权贵们习惯于腊月二十三祭灶。"民辞四"指的是一般平民百姓会在每年腊月二十四祭灶，"邓家辞五"即指水上人，会在腊月二十五举行。但是民间百姓大部分会选择腊月二十三谢灶，希望有贵气，取其意头。

灶神的供品一般都用一些又甜又黏的东西，如糖瓜、汤圆、麦芽糖、猪血糕等。总之，目的是要塞灶神的嘴巴，让他回到天上时多说些好话，就是所谓

汤圆 我国传统小吃之一，起源于宋朝。做法是用各种果饵做馅，外面用糯米粉搓成球煮熟。因为这种糯米球煮在锅里又浮又沉，所以它最早叫"浮元子"，后来有的地区把"浮元子"改称元宵。元宵象征合家团圆，吃元宵意味新的一年阖家幸福、万事如意。

■ 灶君神位

焚香 宋代之后，不仅佛家、道家、儒家提倡用香，而且香更成为古人日常生活的一个部分。在居室厅堂里有熏香，各式宴会庆典场合也要焚香助兴，而且还有专人负责焚香的事务。不仅有熏烧的香，还有各式各样精美的香囊香袋可以挂佩。制作点心、茶汤、墨锭等物品时也会调入香。

"吃甜甜，说好话"，"好话传上天，坏话丢一边"。

麦芽糖又甜又黏，把它糊在灶神嘴上，一来灶神嘴吃甜了，就不好再恶言恶语，只能说好话；二来麦芽糖粘住嘴巴，想说坏话张不开口，只能说个含含糊糊。老百姓把"拿了人家的手短，吃了人家的嘴软"这一套人世生活经验，也用在了对灶神的供奉上。

祭灶时，酒也是必不可少的。有人把用酒糟去涂灶君称之为"醉司命"，意思是要把灶神弄醉，让他醉眼昏花，头脑不清，少到天上打几个小报告。因为酒是为了让灶王爷喝得晕头转向，忘乎所以，所以祭灶神象征着祈求降福免灾的意思。

有些地方谢灶的供物还会有清水、白米各一碗，这是表明灶君与这家人关系一清二白，如果灶君徇私，此二物带回天上时就会变黑。还要几棵带尾叶的甘蔗，甘蔗有节，用作灶君登天的梯子；甘蔗有尾，祈求做事善始善终，有头有尾。

在送祭灶君之时，要摆齐供品，焚香祭拜，接着第一次进酒，此时要向灶君诚心祷告，完毕后再进行第二次进酒，进第三次酒之后，将旧有的灶君像撕下，连同甲马及财帛金纸一起焚烧，代表送灶君上天，仪式便顺利完成。

然后，还要焚烧一个用篾扎纸糊的马和一套黑纸袍、靴，是作为灶神上天和参见玉皇大帝时的坐骑和穿着。还要准备一点黄豆和干草，作为灶神和马长途跋涉所需的干粮、草料。

相传灶君不识字，有些人家怕他汇报时讲漏讲错了话，还得为他准备一份《灶君疏》。这《疏》既然由这家人代笔，自然是隐恶扬善，尽拣好话写了。也有图方便的，到街上买一张预先印好《疏》的黄纸代替。祭拜后把供品放在米缸里，叫作"责缸"。

此外还要焚香、叩首，并在灶坑里抓几把稻草灰，平撒在灶前地面上，并喃喃叮咛"上天言好事，回宫降平安"之类的话，目的是祈祷灶王向玉皇大帝奏报这家一年来的种种善事，不要讲坏话。

送走神明后，还要在除夕夜或者正月初四把众神接回来，此谓"接灶"或"接神"。接灶神的仪式相对简单些，奉祀灶神后，再在灶上重新粘贴新的灶君纸马就行了。

接灶也是很重要的，因为在一周后的大年三十晚上，灶王爷便会带着一家人应该得到的吉凶祸福与其他诸神一同回到人间。灶王爷被认为是为天上诸神引路的。其他诸神在过完年后再度升天，只有灶王爷

帛　我国战国以前称丝织物为帛。战国时就已经有生丝织成的"帛"。单根生丝织物为"缯"，双根为"缣"，"绢"为更粗的生丝织成。据考古资料，在殷周古墓中就发现丝帛的残迹，可见那个时候的丝织技术就相当发达。

■ 灶王爷年画

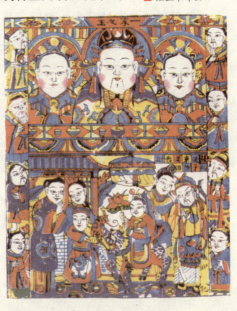

会长久地留在人家的厨房内。

古时祭灶不分身份的贵贱、高低，上自王公、大臣，下至平民百姓，对灶神都是毕恭毕敬。据有关资料记载，每年腊月二十三，清朝皇帝例行在坤宁宫大祭灶神，同时安设天、地神位，皇帝在神位前行九拜礼，以迎新年福禧。

祭灶这天，坤宁宫设供案，安放神牌，神牌前安放香烛供品，殿廷中设燎炉、拜褥。像民间一样，在灶君临升天汇报工作前，要用黏糖封住嘴，以防他在玉帝面前胡说八道。

祭灶时，宫殿监奏请皇帝到坤宁宫佛像、神像、灶君前拈香行礼。礼毕，宫殿监再奏请皇后依次向灶君等神位行礼。

祭灶的礼仪是整个灶神传说及祭祀风俗中最为精彩的部分，因为它充分体现出了我国的神怪观念。我国古人显然认为，神仙不仅是可以沟通和控制的，甚至是可以戏弄的。

人们的娱神行为同时也是自娱，神仙在年节当前的时候不再是高高在上不食人间烟火的一个影子，而是一同欢庆佳节的血脉相通的家人。祭祀活动在敬神行为的背后，是以强化家族观及民族观为目的，也许这就是中华民族薪火相传、团结进取、生生不息的奥秘所在。

阅读链接

相传灶神是个很有爱心的神灵。有一年，灶君在一户人家里吃饱喝足正想返回天庭时，看见这户人家的门外有几个乞丐正在挨饿受冻，就走近前去问："你们为什么不去过年呢？"有个乞丐回答说："我们没有家，又没有人肯收留我们，只好在外面受冻。"

灶君听到这话后很不忍心，就要求这户人家雇佣这几名乞丐，将自己以歌舞相送。从此就留下了有的地方会有乞丐数名，乔装打扮，挨家唱送灶君歌，跳送灶君舞，名为送灶神，以此讨吉利，作为换取食物的来由。

乾隆帝不间断跪送灶神

灶王爷在每年腊月二十三"上天言好事，回宫降吉祥"，清高宗乾隆皇帝十分重视这个习俗。《清朝野史大观·清宫遗闻》中说：

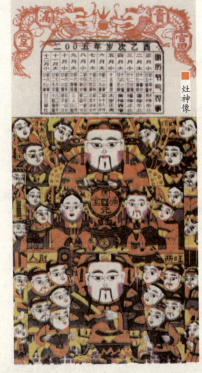

灶神像

　　乾隆一朝，每年腊月二十四晚上，祀灶神于坤宁宫。命人预先在正室的炕上设置鼓板和致祭的物品。

　　晚饭后皇帝和皇后都到坤宁宫致祭，皇后先至，乾隆帝随后亦到，两人一同端坐在炕上。

　　此时乾隆帝从炕桌上拿起一个木槌，亲自敲击鼓板，并高唱

古代祭灶场面

《访贤曲》。皇后亦在旁唱和，其他执事官员则恭站在周围
肃静聆听。唱完以后，帝后一齐下炕，由乾隆帝将灶神像恭
捧至火盆中焚化。帝后及其他随行官员跪送灶神升天后，才
离开坤宁宫。乾隆在位六十年间，岁岁如此，从不间断。

在平时，乾隆帝每日视朝，都是在卯时左右。每年腊月二十四以
后，乾隆帝每日上朝时自寝宫至乾清门，每过一门，必要鸣放爆竹。
这样做并不是为了除旧布新，而是他认为已经送了灶神上天，恐怕有
邪魔为祟，想借此燃放爆竹镇魔驱邪也。

清代起，把灶神尊为"司命之神"。清朱彝尊在送灶日写的《醉
司命辞》中诗云：

饧糕粉荔，杂逻上陈。藉糟漉滓，涂之灶门。
司命入觐，行步偶旅。颞颥两目，醉不能语。

该诗把灶神描绘成一个喝得醉醺醺的老头，到了天庭，已经醉眼

迷糊，不能说话了。同时代的诗人周广业有一首诗：

胶糖祀灶洁春盘，归到天庭夜未阑。
持奏玉皇无好事，且将过恶替人瞒。

诗人描写了灶神上天，有意替人说好话，报喜不
报忧，反映了古人祭灶的复杂心态。

清代有位女诗人，有首《祭灶》诗，其丈夫早
亡，她抚养儿子，勤劳度日。诗云：

再拜东厨司命神，聊将清水饯行尊。
年年破尽多尘土，须恕夫亡子幼人。

此诗写一个薄命女子借送灶神的机会，向灶神诉
苦。此诗读来十分感人，但她并未乞求赐福，祭品是
一杯清水而已。

从先秦至1949年前，在这二三千年的漫长岁月
里，人们都很重视祭灶。其主要原因，是迷信的人们

上朝 即臣子朝见君主议事。两汉时期，皇帝对丞相待之以礼。丞相觐见皇帝时，皇帝起立，赐丞相座。丞相生病了，皇帝还要亲自前去探视。隋唐时期的官员上朝奏事也均有座，到了宋代，官员上朝必须站着奏事。至清朝，大臣奏事就变成跪着了。从礼仪上的变化可以看出，自宋代以后，皇帝的权威越来越大，而官僚的地位不断下降。

■ 灶神祭品

农家请神

万事如意

民间吉神与文化内涵

要祈求功名利禄，满足唯心心理需要。如今，腊月二十三过"小年"祭灶的迷信活动，早已不存在。

据清朝《荆州府志》卷五风俗载：

> 腊月二十四日为小年，悉以竹枝扫户宇，夜具酒糖果饵祀灶神，以秫刍秣马，田父燎火畦塍间。角馈节仪，以间请小年饭。

清代的苏州文士顾禄在描述苏州及其附近地区的风俗著作《清嘉录·十二月·打埃尘》里记载说：

> 腊将残，择宪书宜扫舍宇日，去庭户尘秽，或有在二十三日、二十四日及二十七日者，俗呼打埃尘。

扫尘是古人驱疫鬼，祈安康的宗教仪式。再加上"尘"与"陈"

谐音，"陈"又可以代表老的物件，因此扫尘也有把陈旧的东西一扫而光，把一切"穷运""晦气"统统扫出门的含义。

"尘"既指庭院内的陈年积垢，也指旧岁中遇到的不快。扫尘这一习俗寄托着人们破旧立新的愿望和辞旧迎新的祈求。

古时有关扫尘的由来，还与后来流传的灶王爷传说有关：古人认为，每个人的身上都附有一个三尸神，他像影子一样，跟随着人的行踪，形影不离。

这个三尸神是个喜欢胡说八道、爱搬弄是非的家伙，他经常在玉帝面前造谣生事，把人间描述得丑陋不堪。久而久之，在玉皇大帝的印象中，人间简直是个充满罪恶的肮脏世界。

有一次，三尸神又开始叽叽喳喳地向玉皇大帝造谣说，人间在诅咒天帝，想谋反天庭。玉皇大帝大怒，降旨迅速查明人间犯乱之事，凡怨愤诸神、亵渎神灵的人家，将其罪行书于屋檐下，再让蜘蛛张网遮掩以做记号。

然后，玉皇大帝命令王灵官于除夕之夜下到凡界，只要遇到蜘蛛结网做有记号的人家，就要降下大罪大难惩罚，决不能轻饶。三尸神见奸计得逞，乐不可支，马上飞下天界，不分青红皂白地就在每户人家的屋檐墙角都胡乱做上了记号，想让所有人都遭报应。

农家祭灶

正当三尸神在作恶时，灶君发觉了他的行踪，大惊失色，急忙找来各家灶王爷商量对策。最后，灶君想出了一个好办法，就是在腊月二十三日送灶之日那天起，直到除夕接灶前，要求每户人家必须把房屋打扫得干干净净，否则灶王爷们就拒不进宅。

每户人家都遵照了自家灶王爷升天前的嘱咐，清扫尘土，掸去蛛网，擦净门窗，把自家的宅院打扫得焕然一新。等到王灵官在除夕夜奉旨下界查看时，发现家家户户窗明几净，灯火辉煌，人们团聚欢乐，人间美好无比。

王灵官找不到标明劣迹的记号，心中十分奇怪，便赶回天上，将人间祥和安乐、祈求新年如意的情况禀告了玉皇大帝。玉皇大帝听后知道三尸神在造谣生事，因此大为震怒，降旨将三尸神永拘禁在了天牢，人间最终逃过一难。

这次人间劫难多亏灶神搭救，才得幸免。为了感激灶王爷为人们除难消灾、赐福添寿，所以民间扫尘总在送灶后开始，直忙到大年夜，丝毫没有懈怠。

过小年不仅是汉族的习俗，满族、蒙古族等一些少数民族也过。满族和汉族一样，在这一天要送灶王爷上天和打扫房舍。而蒙古族这一天则是送火神，布置蒙古包内外，给骏马备新鞍、扎红缨，把放上哈达的牛羊送给亲朋好友们，到处呈现出一片节日喜庆的景象。

阅读链接

传说灶神本来是个对饮食十分挑剔的神灵，人们总是拿不准该供奉给他什么才能让他吃得高兴。有时供奉给他一些清淡的蔬菜吧，他会嫌弃饮食太清淡了；有时供奉给他鸡鸭鱼肉，灶神又会嫌弃供品太油腻，总是抱怨个不停，人们也很苦恼。

有一天，一个小孩把没吃完的麦芽糖留在了灶上之后，就跑出去玩了。灶王爷从来没见过黄澄澄的麦芽糖，就偷着咬了一口，结果那麦芽糖把他的嘴都给粘上了。人们发现灶王爷吃了糖之后就无法说坏话了，从此就开始供奉灶糖。

门神是道教和民间共同信仰的守卫门户的神灵，旧时人们都将其神像贴于门上，用以驱邪辟鬼、卫家宅、保平安、助功利、降吉祥等，是民间最受人们欢迎的保护神之一。道教因袭这种民间信仰，将门神纳入神系，加以祀奉。

新春伊始，第一件事便是贴门神、对联。每当大年三十日或二十九，家家户户都纷纷上街购买门神、春联，将宅子里里外外的门户装点一新。贴门神已成为炎黄子孙彼此认同的标志，也是维系群体团结的黏合剂和沟通情感的纽带。

门神

最早的门神神荼和郁垒

郁垒门神年画

古籍中记载说，春秋末期，身为工匠的鲁班为了护门，他模拟螺蛳形象，制作出门锁和门环，意思是说任凭怎么敲门，如果螺蛳不想开门，那么谁也进不来。这就是最初的门神形象。

后来也许是因为螺蛳的身形过于纤小，人们又改用猛兽的形象作为门锁和门环，就这样，新的门神形象出现了。从这种变化中，我们可以看出，善于护门的螺蛳形状的门神已被具有震慑力的猛兽形象的门神所代替。装在门上的寓意护门的猛兽形象就是门神，汉朝时称这种门神为"铺首"，当时的豪门贵族家的大门上常常能见到这种名为铺首的门神形象。

■ 门神神荼绘画

到东汉时期，门神的形象便常常出现在豪门大户家的大门上，当时，门神被做成为浮雕装饰，大多分为上中下三层。上层是展翅的朱雀，中层是衔环的怪兽铺首，下层或雕成龙虎之状，或雕成犀牛似的猛兽。这三层的纹饰样式，弥漫出一股拒人于门外的威严气氛，使人不敢冒昧闯入。

在古代的神话中，黄帝出征时，要高举带着朱雀图案的大旗开道，因为朱雀能搏逐猛兽虎狼，使妖魔群恶不能为害。朱雀飞到哪里，就能给哪里带去幸福。所以，古人就把想象中的朱雀形象画在门上，与兽头铺首相呼相应。朱雀是潇洒健美的，怪兽是虎视眈眈的，彼此相映成趣，人们觉得这样的门神比最初的螺蛳更有强大的保护力。

然而，古代流传最广、最被人们信赖的门神，既不是螺蛳，也不是神鸟和怪兽，而是人的形象。也许是因为人们认为人终究是比动物更高明的，于是，古

鲁班（前507年~前444年），姓公输名般，又称公输子、公输盘、班输、鲁般。故里在山东滕州。春秋末期到战国初期鲁国土木工匠。鲁班是我国古代的一位出色的发明家，2000多年以来，他的名字和有关他的故事，一直在广大人民群众中流传。我国的土木工匠们都尊称他为"祖师"。

《山海经》 我国先秦重要古籍，也是一部富于神话传说的最古老的奇书。该书作者不详，鉴于《山海经》的内容丰富，时间跨度长，应该不是同一个作者写的。《山海经》传世版本共计18卷，包括《山经》5卷，《海经》13卷，各卷著作年代无从定论，其中14卷为战国时作品，4卷为西汉初年作品。

■ 门神郁垒绘画

人又描绘出了骑红马、扛大刀式的门神。

于是，那些印着五彩神将形象的木版水印画的门神，在每年春节的时候，是家家必贴的，这是为了图个吉利，也增添无限的喜气。

贴门神的风俗最早可追溯到汉代以前。东汉哲学家王充在古代哲学巨著《论衡·订鬼》中记载说：

《山海经》又曰：沧海之中，有度朔之山，上有大桃木，其屈蟠三千里，其枝间东北曰鬼门，万鬼所出入也。上有二神人，一曰神荼，一曰郁垒，主阅领万鬼。恶害之鬼，执以苇索而食虎。于是黄帝乃作礼，以时驱之。立大桃人，门户画神荼、郁垒与虎，悬苇索以御凶魅。

据先秦古籍《山海经》说：商末周初时，在苍茫大海之中有一座度朔之山，山上有一棵大桃树，枝干蜿蜒盘伸3000里，肉甜味美，食之可延年益寿。

桃树下住着兄弟二人，哥哥叫神荼，弟弟叫郁垒，他们为人正直，力大无比，还养着一只凶猛的老虎为他们护林看桃。这是因为他们的住处附近有个野大王，心狠手毒，喝人血，吃人心，残害百姓。

一天，野大王派人到度朔山上索取仙桃，被神荼、郁垒轰走，野大王气得七窍生烟，一个黑夜，野大王带领他的信徒装扮成恶鬼前去报复，被神荼、郁垒用桃条捆起来扔给了老虎。

后来，神荼和郁垒渐渐成了当地的护卫。度朔山上有一棵枝叶覆盖3000里的大桃树，树顶有一只金鸡，日出报晓。这棵桃树的东北一端，有一根拱形的枝干，树梢一直弯下来，挨到地面，就像一扇天然的大门。

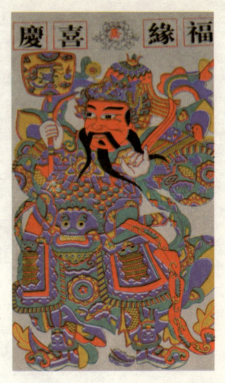

■ 门神神荼绘画

度朔山住着的各种妖魔鬼怪，只要想出门，就得经过这扇鬼门。每当清晨金鸡啼叫的时候，夜晚出去游荡的鬼魂就必须赶回鬼域。神荼和郁垒每天都会守在鬼域的大门两边检查。

他们在检查什么呢？如果鬼魂在夜间干了伤天害理的事情，神荼、郁垒就会立刻将它们捉住，用绳子捆起来，送去喂虎，因而所有的鬼魂都畏惧神荼、郁垒，连带着也害怕了桃树。

黄帝向他们敬之以礼，岁时祀奉，在门上画神荼、郁垒和老虎的像，并挂上芦苇绳，若有凶鬼出现二神即抓之喂虎。于是后来《山海经》这种以神荼、郁垒、虎苇索、桃木为辟鬼之神的信仰，就被人们承

黄帝 又名轩辕帝，是我中华民族的始祖，我国远古时期部落联盟首领。他播百谷草木，大力发展生产，始制衣冠，建造舟车，发明指南车，定算数，制音律，创医学等，在此期间有了文字。因为在他统治期间，我国的土地是黄色的，所以称为黄帝。

民间吉神与文化内涵

■ 门神郁垒绘画

除夕 是我国传统节日中最重要的节日之一。年的最后一天叫"岁除",那天晚上叫"除夕"。除夕人们往往通宵不眠,叫"守岁"。除夕这一天,家里家外不但要打扫得干干净净,还要贴门神、贴春联、贴年画、挂灯笼。据《吕氏春秋·季冬记》记载,古人在新年的前一天用击鼓的方法来驱逐"疫疬之鬼",这就是"除夕"节令的由来。

传了下来。

在记录古代民间传说中神奇怪异故事的小说集《搜神记》中这样记载说:

今俗法,每以腊终除夕,饰桃人,垂苇索,画虎于门,左右置二灯,象虎眠,以驱不祥。

在这中间,桃也是人们崇拜久远的植物,人们认为桃多子多福,是长寿的象征,因此能够除灾辟邪制鬼驱怪。古籍《典术》记载说:

桃者,五木之精也,故压伏邪气者也。桃之精生在鬼门,制百鬼,故今作桃人梗著门以压邪,此仙木也。

老虎为百兽之王,能够"执搏挫锐,噬食鬼魅","故画虎于门,鬼不敢入"。这种信仰一直流传,除夕之时人们常常在门上贴上画有二神与虎的画,并挂上桃枝或桃人和苇索,以驱鬼辟邪。

在民间也就流传开神荼、郁垒是降鬼大仙的说法,结合着桃木驱邪、避灾的风习后,人们用桃木刻成神荼、郁垒的模样,或在桃木板上刻上神荼、郁垒的名字，挂在自家门口，用以辟邪防害。这种桃木板被称作"桃符"，神荼、郁垒也就成了门神。

贴门神的风俗盖自此始。民间传说神荼、郁垒相貌凶恶丑怪，但没有固定的画像，各地不一样，所以更多的地方以桃符代之。

古籍《荆梦岁时记》记载说：

正月一日……帖画鸡户上，悬苇索于其上，插桃符其傍，百鬼畏之。

宋代学者陈元靓在宋代大型岁时风俗记《岁时广记》卷五引《皇朝岁时杂记》记载说：

桃符之制，以薄木版长二三尺，大四五寸，上画神像狻猊白泽之属，下书左郁垒右神荼。或写春词，或书祝祷之语，岁旦则更之。

从中能看出，自古以来，门神的画像、贴的方位、大小规格都是有出入的，但有一点是相同的，大年初一太阳升起的时候，家家户户都在大门上换上新的桃符以祝新年。

世上本无鬼神，在科学尚欠

正月 又称孟春、端月、新月或开岁，是我国农历一年中的第一个月，也是新年的开始。在我国文化中，正月是一年之中最值得庆贺、最吉利、最热闹，也是神灵显现最多的一个月份，因为正月时福神最多，因此正月初出生的人都是天生富贵之人，能逢凶化吉，事事顺心。

保佑平安

门神

■ 门神神荼绘画

发达的古代，在神灵自然观的支配下，人们只有寄希望于神鬼驱邪扶正，这充分体现了人们渴望太平盛世的强烈愿望。门神作为一种文化遗产，就这样以继承下来了。

到了晋代，有"元旦画鸡于门"的风俗。因鸡一叫天就亮了，鬼魅则不见。此说见于王嘉《拾遗记》：

> 尧在位七十年，有氏支之国献重明之鸟，一名双晴，言双晴在目，状如鸡、鸣似凤，时解落毛羽，肉翮而飞。能搏逐猛兽虎狼，使妖灾群恶不能为害。
>
> 怡以琼膏，或一岁数来，或数岁不至，国人莫不扫洒门户，以望重明之集……今人每岁元日，或刻木铸金或图画为鸡于牖上，此之遗像也。

画鸡于门上使妖灾群恶不能为害，无疑地扩大了年画中的门神题材。直至后来的河南开封、山东临沂、苏州桃花坞等地的早期门画中，尚有这一形式的画样传世。

阅读链接

传说神荼和郁垒成为门神后每天都很忙，有时，求他们保佑的人很多，他们忙不过来，又怕有人家中受鬼怪侵害，因此很是苦恼。

有一天，神荼看见一名道士在画神符镇压恶鬼，就灵机一动，对郁垒说："人间的道士们用画着符号的东西镇压鬼怪，想必鬼怪们也是对神符有敬畏之心的，不如我们教人画神符贴在门口，这样就能保佑每一户人家的平安了。"郁垒听后很赞同，就和神荼一起去教人们画神符。但因为有人画不好，干脆就写字代替，慢慢地，就形成了对联。

唐玄宗梦见钟馗捉鬼

唐代时，又出现了一位门神"钟馗"。据古籍《补笔谈》卷3、古代类书《天中记》卷4、《历代神仙通鉴》卷14等书的记载，钟馗原来是陕西终南山人。

有关钟馗故事的记载，以北宋科学家沈括的《梦溪笔谈》为最早。

据传说，钟馗少时就才华出众，曾在唐武德年间赴长安参加武举考试。虽然钟馗的科考成绩很好，但主考官仅因为他的丑陋相貌而没有让他中状

钟馗门神年画

笛 我国最具特色也是最古老的吹奏乐器之一。笛由一根竹管做成，外呈圆柱形，在管身上开有几个吹孔，靠吹气时操作吹孔而奏响。笛的音色清新又圆润，浑厚而柔和，共分为曲笛、梆笛、定调笛、玉屏笛、短笛和低音笛这几类。

■ 钟馗画像

元。恼羞成怒的钟馗撞死在殿阶上，唐高祖听说后特别赐给红官袍予以安葬。

后来，唐玄宗偶患脾病，请了许多御医救治，却始终效果不佳，宫廷上上下下都很着急。有一天晚上，唐玄宗睡着后，他昏昏沉沉地进入了梦乡，忽然梦见一个小鬼偷走了自己的玉笛和杨贵妃的紫香囊，绕殿而奔。

唐玄宗急忙喊人捉拿，只见一位相貌奇异，头戴纱帽，身穿蓝袍、角带、足踏朝靴的豪杰壮士跑上殿来，捉住小鬼。

唐玄宗忙问那个壮士的身份。壮士向玄宗施礼后，告诉他说："我是终南山的人，名叫钟馗，天生就是豹头环眼，铁面虬鬓，相貌奇异。高祖武德年间的时候我曾考取功名，但是奸相卢杞以貌取人，屡进谗言，从而使我的状元之位落选。我百般抗辩无果后激愤难当，怒撞殿柱而亡，惊天动地，泣鬼恸神，承蒙高祖爱护，得以赐袍被殡葬于终南福寿岭。为了报答高祖对我的恩惠，我自愿为您除尽大唐所有的妖魅。"

钟馗说完这一番话之后，唐玄宗就醒过来了，病也不治而愈了。想起梦中的情景，唐玄宗找来"画圣"吴道子，想为他描绘钟馗的面容。

吴道子是当时著名的大画家，他提笔就画，所画的人居然和唐玄宗梦中的钟馗一模一样。

唐玄宗看了吴道子的画，一时瞠目结舌，他惊呆了半晌，才十分感叹道："难道你也和朕做一样的梦吗？怎么画得这样像！"

吴道子回答说："陛下忧劳宵旰，所以疟疾才得趁机侵犯。眼下有了辟邪之物，卫护圣德，是陛下千秋万岁的瑞兆啊！"

惊讶之下的唐玄宗更加肯定这是天意，就将吴道子的《钟馗捉鬼图》镂板印刷，广颁天下，让世人皆知钟馗的神威，将钟馗作为能除尽鬼魅不端的神灵。

后来，道教吸收了这种信仰，常将钟馗视作祛恶逐鬼的判官，于是钟馗便成了道教驱鬼捉鬼的神将。

此外，钟馗在民间也广为流传，民间流传有钟馗嫁妹、钟馗捉鬼、钟馗夜猎的故事。

钟馗不但捉鬼，而且吃鬼，所以人们常在除夕之夜或端午节将钟馗图像贴在门上用来驱邪辟鬼。清代人富察敦崇在记叙清代北京岁时风俗的杂记《燕京岁时记》中记载说：

每至端阳，市肆间用尺幅黄纸盖以朱印，或绘天师钟馗之像，或绘五毒符咒之

■ 钟馗捉鬼

端午节 又称端阳节、午日节、五月节等。端午节起源于我国，最初是我国人们以祛病防疫的节日，后来传说爱国诗人屈原在这一天死去，也同时成了纪念屈原的传统节日。端午节有吃粽子、赛龙舟、挂菖蒲、蒿草、艾叶，薰苍术、白芷，喝雄黄酒的习俗。

形，悬而售之，都人士争相购买，粘之中门以避崇恶。

钟馗的形象是豹头虬髯，目如环，鼻如钩，耳如钟，头戴乌纱帽，脚着黑朝鞋，身穿大红袍，右手执剑，左手捉鬼，怒目而视，一副威风凛凛，正气凛然的模样。据说他捉鬼的本领及威望要比神荼、郁垒都高得多。

钟馗的故事从北宋的《梦溪笔谈》到明朝的《天中记》录《唐逸史》所载，便大致定型。沈括在《梦溪笔谈》之《补笔谈》中，还记载了盛唐以来的皇帝在岁末时会把钟馗画像作为礼物赐给大臣。

这个惯例文人名士皆有记载，如唐玄宗时的大臣张说所撰的《谢赐钟馗及历日表》一文记载了钟馗画融入新春年节民俗的情景：

张说（667年～730年），唐代文学家，诗人，政治家，曾三任宰辅，擅长文学。张说一生掌文学之任30多年，可谓文武兼备。他明于政体，改革不合时宜的政治和军事制度。史家称赞他"发明典章，开元文物彬彬，说居力多"，是推动"开元之治"的一位重要人物。

■ 钟馗塑像

中使至，奉宣圣旨，赐画钟馗一及新历日一轴……

诗人刘禹锡也撰写过两份同类性质的文书《为李中丞谢钟馗历日表》和《为杜相公谢钟馗历日表》，记载了德宗朝颁发和悬挂钟馗画驱邪的年俗。其中，《杜相公谢钟馗历日表》记载说：

> 臣某日，高品某乙至，奉宣圣旨，赐臣钟馗一，新历日一轴。星纪方回，虽逢岁尽；恩辉忽降，已觉春来。伏以图写神威，驱除群厉，颁行律历，敬授四时。施张有严，既增门户之贵；动用协吉，常为掌握之珍。

■ 门神钟馗

另外，后世的学者们在敦煌遗书中发现了唐写本《除夕钟馗驱傩文》，说的是钟馗在大傩仪中扮演主角的实证。

由此可见，在唐明皇时期，钟馗就已经是声名显赫的捉鬼大神。所以，有人推测钟馗故事的起源可能早于唐代。

宋代人根据唐明皇当时赐给大臣的钟馗神像判定钟馗是读书人，那么唐明皇当时赐给大臣的钟馗神像是怎样的？画钟馗画像的画圣吴道子的画作虽已失传，但在北宋时，却有人在宫廷里见过。

北宋鉴赏家郭若虚在古代画史著作《图画见闻志》的卷6《近事》中写道：

> 昔吴道子画钟馗，衣蓝衫，革敦一足，眇一目，腰笏，巾首而蓬发，以左手捉鬼，以右手抉其鬼目。笔迹遒劲，实绘事之绝格也。

敦煌遗书 指敦煌所出5世纪至11世纪的古写本及印本。敦煌遗书的年代考订，可从纸质、尺幅、书法、题记、内容等方面确定，从内容上可分为宗教典籍、官私文书、中国四部书、非汉文文书等类。

这是年代最早的钟馗画像，只不过不是吴道子画的，而是五代时期人物画家石恪的作品。由这些画除了可以知道钟馗确实面目丑陋之外，却寻不到他的真实来历。

既然在史料中无法寻见，那么大量民间传说和故事又是怎么说钟馗的呢？

敦煌遗书中发现了唐写本《除夕钟馗驱傩文》文章大意说的是：在一种叫作傩的仪式中，钟馗钢头银额，身披豹皮，用朱砂染遍全身。带领十万丛林怪兽，四处捉取流浪江湖的孤魂野鬼。

"傩"又是什么？敦煌《钟馗驱傩文》里没有明说，但唐代纪传体断代史书《新唐书·大傩之礼》中记述了一次皇宫里举行的傩仪式。虽同名，但却有着明显的差别，不仅规模不同，而且在《新唐书·大傩之礼》记载的国家典礼中傩舞的领头者是方相氏，而不是钟馗。但后人还是称傩舞为跳钟馗。

早期的巫傩祭祀仪式里，面具也承担着重要的角色。而跳钟馗傩舞中，也离不开面具。有人根据跳钟馗面具与商周时期面具在仪式中的作用相似，因此有人推测：早在商周时期，钟馗就已出现。

钟馗的名字，有可能源自当时的一位巫师。有学者考证，在殷商时期，也就是三四千年前，传说出过一位叫仲虺的著名巫师。他最擅长的法术是求雨，每每他出面主持的求雨仪式，最为灵验，所以

民间吉神与文化内涵

■ 门神钟馗

人们用他的名字来代指巫师这个职务。

年画钟馗捉鬼

仲虺、钟馗两词发音相近，在流传过程中被误记为"钟馗"二字。这便成了钟馗的来历的说法之一。

也有人说钟馗是洗衣服用的大棒槌。在两汉时期画像砖里，可以很容易寻得挥舞大棒的勇士形象，比如洛阳西汉墓壁画里的大棒打鬼图。

大棒与钟馗有什么联系呢？明代思想家顾炎武认为，在训诂学里"钟馗"两字发音的反切，也就是钟字的声母，加上馗字的韵母相拼——发之为"追"的音。所谓椎，在古汉语里的意思，就是大木棒。

另外钟馗两字通终葵，是一个古老的姓氏，已经非常罕见。这个姓氏的来源，也与大木棒紧密相关。据史书记载，殷时代遗民有7大家族，分别是陶氏，施氏，繁氏，树氏，樊氏，饥氏，终葵氏。

这7大家族的姓氏来源于他们所擅长的手艺：陶氏是制作陶器的，樊氏是做围墙篱笆的，而终葵氏家族的专长是做木棒木槌。

在钟馗故事系列之中，钟馗除了是斩鬼使者外，

顾炎武（1613年~1682年），本名绛，字忠清，后改名炎武，字宁人。明代著名思想家、史学家、语言学家，与黄宗羲、王夫之并称为明末清初三大儒。学问渊博，晚年治经重考证，开清代朴学风气。其学以博学于文，行己有耻为主，合学与行、治学与经世为一。

钟馗绘画

他更是正气凛然与受民众拥戴的。在清代神魔小说《钟馗全传》中，玉帝安排殿前司簿总管幻化美女，色诱钟馗；钟馗便表现了"金石不逾之操"。

在古代长篇小说《钟馗平鬼传》中，阎君向玉帝举荐钟馗："他为人正直"，百姓感激钟馗除害安民，降伏骗人钱财的抠掐鬼后，便替驱邪大神建祠堂，令钟馗得享香火。

在杂剧《庆丰年五鬼闹钟馗》里，中阳真君称赞他："正直贤能。"《钟馗全传》说钟馗斩石马，替地方上除一大患，获民众建祠庙供奉。

对于钟馗究竟是谁这个问题，诸说并立，仍是我国民俗文化史上的一个谜，但钟馗作为门神的形象却保留了下来，代代相传。

阅读链接

传说有一次钟馗抓鬼的时候，从天上突然掉下来两只大蜘蛛。起初，钟馗不知道蜘蛛是来干什么的，就想把它们扔掉。但是这两只蜘蛛非但不走，反而牢牢地挂在了钟馗的身上，怎么弄也弄不掉。

见惯了妖魔鬼怪的钟馗对这两只蜘蛛不以为然，继续抓鬼。在一只狡猾的小鬼差点逃脱的关头，那两只蜘蛛织出了一张网，把那只小鬼牢牢地黏住了。从此，钟馗就对蜘蛛十分有好感，人们也将与钟馗在一起的蜘蛛称为"喜蛛"。

门神秦琼和尉迟敬德

大约元代以后，秦琼、尉迟敬德作为门神中的武门神被人供奉祭祀。事实上，秦琼和尉迟敬德两人却是唐代人。

在唐太宗李世民登基之前，秦琼就跟随李世民先后镇压了王世充、窦建德、刘黑闼等多路义军，为唐太宗朝的创建立下了汗马功劳。李渊曾派使者赐予金瓶以示褒奖。

之后，秦琼又因战功多次受到奖赏，先后拜为秦王右统军，加授上柱国。后又封为翼国公，深得李世民的信任。

门神像

秦琼不仅在唐太宗朝的创建伊始立下了赫赫战功，而且在唐太宗朝的内部斗争"玄武门之变"中，他坚决站在李世民一边，为李世民当太子夺皇位扫清了道路。

626年6月，当时的秦王李世民被立为太子，8月接王位，改年号贞观，这就是历史上有名的唐太宗。秦琼也因其有功，被拜为左武卫大将军，赐给七百户的封邑。

尉迟敬德作为唐初大将，自归附李世民后，凭借高超的武艺，多次冒险救李世民于危难之中，立下不朽之功。尤其在玄武门事变中，尉迟敬德还救了李世民之命，令诸军皆属李世民指挥，可谓力挽狂澜。

尉迟敬德同时还有远见卓识，如玄武门事变后，对太子的党羽主张释而不杀，这一举措迅速缓和了内部矛盾，同时还为李世民保留了魏徵那样的大批栋梁之材。在某种程度上甚至可以这样说：没有尉迟敬德，也就没有李世民，也就没有后来的大唐盛世。

在性格上，尉迟敬德纯朴忠厚，自归李世民之后，从无二心，为其赴汤蹈火，在所不辞。也正因为如此，后人才将秦琼和尉迟敬德作为门神，画图流传。

■ 尉迟恭门神年画

关于这两位武将成为门神的来历，民间也有传说。

唐开国初期时，城中有位著名的风水师名叫袁守诚。他生得相貌稀奇，仪容秀丽，能知前后，善断阴阳，不仅自己是神机妙算的八卦学者，还是赫赫有名的当朝钦天监台正先生袁天罡的叔父。

由于袁守诚的算卦技术非常高超，城中总有人去求他算卦，几乎是一算一个准。袁守诚还教渔翁在何时打鱼能满载而归，也能算准泾河中的鱼虾都在何处聚集。这样一来，就惹恼了泾河龙王。

■ 秦叔宝门神像

有一天，泾河龙王化成人形去造访袁守诚，本想当场发作，他却被袁守诚先生清奇不凡的相貌所震慑，于是收了轻视之心，准备向袁守诚问上一卦，羞辱他一番。

袁守诚看了他一眼，说："你要来算什么呢？"泾河龙王说："你给我算算这两天什么时候下雨吧。"袁守诚回答说："云迷山顶，雾罩林梢。明天就要下雨啦。"泾河龙王不以为然，继续问："明天几时下雨？会下多少呢？"

袁守诚不紧不慢地回答说："明日辰时布云，巳时发雷，午时下雨，未时雨足，共得水三尺三寸零

风水师 具备风水知识，受人委托断定风水好坏，必要时并予以修改的一种职业。通常风水师也兼具卜卦、看相、择日等技艺，由于风水先生要利用阴阳学说来解释，并且人们认为他们是与阴阳界打交道的人，所以又称这种人为阴阳先生。

巳时 十二时辰制之一，是临近中午的时候，也就是上午9时正至上午11时正。汉代命名巳时为夜半、鸡鸣、平旦、日出、食时、隅中、日中、日昳、晡时、日入、黄昏、人定。古人认为，蛇在巳时会隐藏在草丛中。

龙王于是不屑地说："这话可不是说着玩的。要是明天真的如你所说，我就给你奉上50两黄金。要是明天没下雨，或者下雨的雨量和你说的不同，我就砸了你的门面，毁了你的招牌，你从此离开长安不要再回来算卦！"

袁守诚仍然不紧不慢地回答说："这个就随便你了。请回吧，明天雨后再相会。"

泾河龙王离开后，越想越好笑。他觉得自己是司雨龙神，明天会不会下雨，雨量又是多少，连自己都不知道，袁守诚区区一个凡人又怎么可能通晓天意呢？这场赌赛，自己是赢定了。

谁知，泾河龙王刚回到泾河水府，天上便下令明日雨降长安，降雨的时辰与水量居然和袁守诚所言分毫不差。龙王虽然大惊失色，但它性情极刚烈，怎也不肯轻易服输，那争强好胜之心让它晕了头，竟然决定私下更改降雨的时辰，又克扣了雨量。

次日，龙王挨到巳时方布云，午时发雷，未时落雨，申时雨止，共降雨三尺零四十点，改了一个时辰，克扣了三寸八点。雨后，龙王化为人形，径直去那袁守诚的卦摊前，一口气将卦摊砸了个稀烂，还要袁守诚立即滚

■ 门神敬德像

出长安城。

可袁守诚只是安静地看着龙王打砸，末了冷笑一声，说道："我小小卦摊不值钱，只怕有人犯了死罪尚不自知，我认得你，你不是什么白衣秀士，你是那泾河龙王，你为了赌气居然私改降雨时辰，克扣雨量，犯了天条，小心明日在那剐龙台上挨一刀！"

泾河龙王这才慌了手脚，后悔自己不该一时冲动，连忙跪倒在地，求袁守诚救命。

▶ 门神秦琼像

袁守诚叹道："求我无用，明日午时三刻，你该被魏徵处斩，那魏徵是当朝丞相，你若能在唐太宗处讨个人情，尚有生路一条。"

泾河龙王拜谢袁守诚后，匆匆赶到皇宫，直待到子时，唐太宗李世民入梦之后，它才潜入李世民梦中，口中直叫："陛下，救我！"唐太宗吃了一惊："你是谁啊，让朕来救你？"

龙王急切地说："小臣是长安城外泾河龙王，陛下是真龙，臣是业龙，臣因犯下天条，当被陛下的贤臣魏徵处斩，因此来拜求，希望陛下救我一命！"

唐太宗见泾河龙王苦苦哀求，心生恻隐，便答应了它："既是魏徵处斩，朕可以救你。你放心前去。"龙王这才放心，叩谢隐去。

天条 在我国神话传说中，所有的神仙都要服从玉皇大帝和王母娘娘的掌管。天条就是玉皇大帝和王母娘娘为了维护天庭的秩序而定下的规矩教条，违反天条的神仙会受到惩罚。

唐太宗李世民从梦中醒转，思量龙王所托，又不知该怎样才能阻止魏徵斩龙。他想来想去，决定明日将魏徵留在身边一日，不放他出宫门半步，应可救下那龙王。

于是，第二天唐太宗退朝之后，叫上魏徵入便殿，先议安邦之策，再论定国之谋，拖到巳末午初时候，见魏徵有些坐立不安，唐太宗又命宫人取过棋枰，与魏徵对弈。

魏徵棋力高强，唐太宗本意却只是拖延时辰，厮杀至中盘，唐太宗已呈败迹，不由低头陷入沉思。等到唐太宗拈子落枰，再抬头望向魏徵，魏丞相却已伏在案头，呼呼酣睡。

唐太宗念及魏徵是贤良忠臣，看他操心国事如此疲劳，就没有叫醒他，任魏徵酣睡。眼见午时三刻已至，唐太宗看着熟睡的魏徵想，他睡着了，没有斩龙，那泾河龙王应已逃过一劫了吧。

这时，熟睡中的魏徵突然额前汗珠密布，神情微有焦躁。唐太宗猜测是因为天气太热，又心疼贤臣，就亲自为魏徵打扇。凉风徐来，

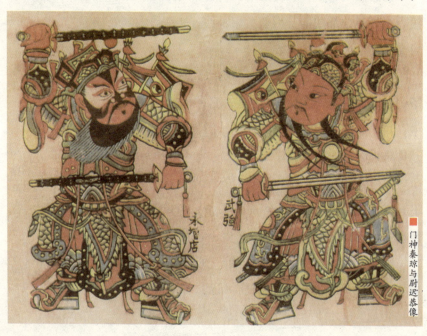

门神秦琼与尉迟恭像

■ 门神尉迟恭、秦琼年画

魏徵大汗顿收，睡得甚是沉稳。

　　这时，朝门外有人大呼小叫，唐太宗起身前去查看，却是徐茂功、秦琼等人。秦琼看见唐太宗来，就将手里拎着的一个东西扔在了地上。唐太宗仔细一瞧，发现那竟是一条龙的怒目圆睁的龙头！

　　唐太宗被这条龙头的怒视吓得后退了一步，连忙问秦琼说："这是什么？从哪来的啊？"

　　秦琼似乎也一头雾水，回答说："这是在千步廊南，十字街头那里，从云端里掉出来的龙头，因此前来向您禀奏。"

　　这时，被喧哗声惊醒的魏徵快步走到唐太宗身

魏徵（580年~643年），字玄成。生于唐代巨鹿，即今河北省邢台市巨鹿县。唐朝政治家。曾任谏议大夫、左光禄大夫，封郑国公，谥号"文贞"，位列"凌烟阁二十四功臣"。他以直谏敢言著称，是我国古代历史上最负盛名的谏臣。

剑　素有"百兵之君"的美称。古代的剑由金属制成，长条形，前端尖，后端安有短柄，两边有刃的一种兵器。剑为具有锋刃之尖长兵器，而其大小长短，端视人体为标准，所以须量人而定。我国在商代开始有制剑的史料记载，一般呈柳叶或锐三角形，初为铜制。

瓷板画门神尉迟恭像

边，仔细查看龙头之后也大吃一惊，俯伏在地说："臣罪该万死！刚才困倦，竟然在皇上身边睡着了，还做了梦！这条龙头正是臣刚才在梦中斩掉的啊！"

唐太宗疑惑地问："什么，你刚才不是在睡觉吗？我都没见你起身，你去哪斩的龙呢？"

魏徵仍伏在地，并未起身，说道："臣梦见此龙犯下天条，要被臣在今日处斩，臣虽身在君前对局，却梦离陛下驾云提剑追斩此龙。谁知孽龙仓皇逃窜，一时竟追不上，臣正心中焦躁，幸亏有陛下为臣打扇，借那三扇凉风，臣撩衣进步追上孽龙，手执霜锋一举斩下龙头，那龙头就此滚落虚空。"

唐太宗听后，心中五味杂陈，他知道魏徵一定是极其贤良的人，上天才会派他斩龙，他为有这样的臣子而高兴。同时，唐太宗曾答应救下泾河龙王的性命，结果反而阴差阳错地帮了魏徵一把。无奈，唐太宗强打精神赏了魏徵，众人随即散去。

当夜，李世民辗转反侧，难以入睡。到了半夜二更时分，刚刚入睡。竟听闻宫门外有凄惨号泣之声。

只见那无头的泾河龙王，提着血淋淋的首级，扑到他身边怒吼说："李世民！亏你允诺救我，你不救也罢，怎么还助那魏徵追斩我呢？快快出来！与我到阎王处说理！"

唐太宗有口难言，惊得汗流遍体，却怎么也挣不脱龙王纠缠，大叫一声"有鬼"，方从梦中醒转。

如此连续几日，唐太宗夜夜被龙王鬼魂惊扰，竟落下脉弱体虚之症。

唐太宗病重，鄂国公尉迟敬德与护国公秦叔宝入宫探视，得知寝宫门外，入夜就抛砖弄瓦，鬼魅呼号。

■ 瓷板画门神秦琼像

两位将军劝慰唐太宗，秦叔宝说道："陛下请宽心，今晚臣与敬德把守宫门，看有什么鬼祟。我们平生征战无数，杀人如剖瓜，集尸如聚蚁，谅那小小的阴气邪物也不敢近身。"

唐太宗准奏，二人谢恩而出。当日晚，两位将军各取披挂穿戴整齐，金盔银甲，威风凛凛，持剑举斧在宫门外把守。一夜间，竟再无半点响动，唐太宗因此安寝无事。

虽有两位将军把守，皇宫清静了几日，但唐太宗终究不忍二将辛苦，为难两人夜夜守候，就找了高明的丹青画师，将尉迟敬德和秦琼披挂在身的真容绘于宫门之上，从此夜间无事。而两位将军的威风仪容，就成了民间喜爱的门画人物。

尉迟敬德（585年~658年），名恭，字以行，唐朔州善阳，即今山西朔州人，唐初著名大将。尉迟敬德初仕隋，为朝散大夫；入唐后，为右武侯大将军，讨吴国公，后出任襄州都督，累迁同州刺史，官至开府仪同三司。在民间，他与秦琼为传统门神。

到了元代，人们沿袭这种做法，干脆奉这两人为门神。在元代之前，虽然也曾有过类似的记载，不过均未说明是此二人，如南宋逸闻古籍《枫窗小牍》记载说："靖康以前，汴中家户门神多番样，戴虎头盔，而王公之门，至以浑金饰之。"宋学者赵与时《宾退录》也说："除夕用镇殿将军二人，甲胄装。"

自从元代把秦琼、尉迟敬德作为门神之后，直到明清以后，史书中的记载就明确为秦琼和尉迟敬德二人。如描述苏州及其附近地区的风俗著作《清嘉录·门神》中记载说：

> 夜分易门神。俗画秦叔宝尉迟敬德之像，彩印于纸，小户贴之。

贴门神的历史悠久，地方和时代不同，贴用的也不同。北京多用白脸儿的秦叔宝和黑脸儿的尉迟敬德，以祈人安年丰。秦琼和尉迟敬德自从作为门神以后，始终被人们所祀奉。

阅读链接

秦琼的好友程咬金曾劫皇纲，被押在了山东登州的大牢里。为了朋友，秦琼决定到登州去，解救程咬金。这时候，家里送来书信，信中说老母亲身染疾病，让秦琼回家照料老母。

秦琼跑到半路，来到一所叫作两肋庄的村头，三条岔道摆在面前，一条通向登州，一条通向家乡，一条通向汝南庄。看着通向家乡的道路，秦琼悲从心来：想起孤寡的母亲无人照顾，想起年轻的妻子和幼小的孩子无人照管，自己这次救朋友是凶多吉少，极有可能把生命扔在登州，但是，朋友现在还身陷图圄，时时刻刻都有被杀头的危险，我不能因为一己之私而耽误了朋友的性命。想到这里，秦琼毅然岔道向登州而去。秦琼的深重义气被人们传为"两肋岔道，义气千秋"的楷模。

喜神

　　喜神也叫吉神，是吉祥如意之神。因为人们的愿望都是趋吉避凶，追求喜乐高兴，因此就臆造出了喜神，在各种礼俗活动中敬奉。所谓"喜神"，就是能给人们带来吉利、带来欢喜、增添智慧、添福添寿之神，助人长生不老、身体健康之神。

　　古人对未来抱有美好希望，更相信求神拜佛能带来好运，因此我国古代的喜庆之神有很多。他们有的是专管姻缘，为人派遣寂寞的月老，有的是不离不弃的喜神好兄弟，更有一脸慈祥，长生不老的寿星和麻姑。

牵红线配姻缘的月老

月老祠

月老就是月下老人，是我国神话传说中的人物，在神仙的家族之中，专管人间的婚姻。传说，谁与谁能成夫妻，都是月下老人事先用红绳系足选定的，所以民间多有给他塑像、立庙，以求佑护的。

旧时杭州的西湖边上，便有一座月下老人祠，钟情的男子，怀春的少女，进去烧香、抽签、许愿的，络绎不绝。祠中的神签共有七七四十九支，第一支是："关关雎鸠，在河之洲。窈窕淑女，君子好逑。"末一支是："愿天下有情人都成眷属。"极为巧妙地点出了人们对月下老人祈求的主题。

月下老人第一次被人发现，是在唐代。唐代小说家李复言著有《续幽怪录》，原名《续玄怪录》，其中有一篇小说叫《定婚店》，是唐人传奇的名篇，里面描述了唐人韦固巧遇月下老人的故事。

故事梗概是，唐人韦固在宋城巧遇月下老人，月下老人为韦固牵红绳指明婚嫁对象，后来韦固果然应月老之语与相州刺史王泰之女结为连理。

话说唐太宗贞观初年，有位名叫韦固的人，少年便丧父母，总想着早点完婚成个家，然而多处求婚，没有一次成功的。

有一次，韦固来到宋城，住在店中。同宿的客人介绍他与前任清河司马潘防的小姐议婚，讲好次日早晨在店西边的龙兴寺门前与对方碰头。

韦固求婚心切，天刚蒙蒙亮就跑去了。这时，月儿将落，但月光还明亮，只见一位老人靠着背袋坐在台阶上，借着月光儿检视文书。韦固一瞧那文书，却是一个字也不识。

■ 月老塑像

传奇 我国唐、宋时代文言短篇小说的一种，又称"唐传奇"，以"作意好奇"为特点；明、清两代的长篇戏曲，一般每本由20余出至50余出组成。可以是长篇连续的英雄故事，情节曲折，然而又不特别离奇，讲述人或团体的历史或传说，或两者都有的。

天竺 是古代我国以及其他东亚国家对当今印度和巴基斯坦等南亚国家的统称。在我国历史上，对印度的最早记载在《史记·大宛传》中，当时称为身毒。《后汉书·西域传》记载"天竺国一名身毒"。唐初统称为天竺。印度是一个著名的文明古国，也是佛教的发源地。

韦固便好奇地问："老伯您看的是什么书？我小时候也曾下过功夫读书，字书没有不认识的，就连天竺的梵文也能够读懂，唯有这书是从来没见到过的，怎么回事呢？"

老人笑着说："这不是世间的书，你哪有机会看到呢？"

韦固又问："那么它是什么书呢？"

老人说："幽冥界的书。"

韦固问："幽冥界的人，怎么会跑这儿来呢？"

老人说："并不是我不应当来，却是你出门太早，所以遇上了我。幽冥界的官吏，都各主管着人间的事，当然要常来人间了。"

韦固又问："那么您主管的是什么呢？"

老人答："天下人的婚姻簿子。"

韦固听了大喜，忙问："我韦固孤身一人，愿早

■ 寺庙里的月老塑像

完婚娶，生下子嗣，十来年中多处求婚，都没有成功的。今天有人约我来商议向潘司马的小姐求婚，可以成功吗？"

老人答："机缘还没到。你的妻子，现刚刚3岁，要17岁才进你家门。"

韦固大失所望，顺便又问了一句："老伯背袋中装的是啥？"

老人说："是红绳子。我用它来系该做夫妇的男女

美满良缘

喜神

之足。当他们坐下时，我便悄悄地给他们系上。如此一来，即使他们原生于仇敌之家，或者一贵一贱像天地悬隔，或者一方跑到天涯海角当差，或者吴地楚国不同乡，只要这绳一系，谁也逃不脱。你的脚，已系上那位的脚了，追求别的人又有什么意义呢？"

韦固又问："那么我那妻子在哪里呢？她家是干何营生的？"

老人答道："这店北边卖菜陈婆子的女儿。"

韦固说："可以见一见吗？"

老人说："陈婆子曾经抱她到这儿卖菜。你跟我走，可以指给你看。"

天大亮，想等的人不见来。老人便卷起书背上袋子走路，韦固赶紧跟上去，一路跟进菜市场。

■ 月老像

司马 我国古代官职之一，殷商时始置，位次"三公"，与"六卿"相当，与司徒、司空、司士、司寇并称"五官"，掌军政和军赋。春秋战国沿置。汉武帝时置大司马，作为大将军的加号。隋唐以后为兵部尚书的别称。至隋时废州府之任，不置司马，改置治中。

爵禄 官爵和俸禄。官爵即官职爵位，是掌管政务的朝廷诸官，包括三公九卿等。俸禄是古代皇朝政府按规定给予各级官吏的报酬。主要形式有土地、实物、钱币等。我国商周时期的俸禄表现为土地形式，封地的大小是各级官吏的俸禄标准。春秋末期至唐初主要以实物作为官吏的俸禄。

■ 月老塑像

这时，有个一只眼盲了的婆婆，抱着个大约3岁的小女孩走来。那女孩穿得破烂，模样儿也十分难看。老人指点韦固说："这就是你的夫人。"

韦固一见不由大怒，说道："不要让她跟我在一起，行不行？"

老人说："这人命中注定将享受爵禄，而且是靠了她，你才能封为县君的，怎么能否认得了呢？"说完老人便消失了。

韦固回店后，磨快一把小刀，交给他的仆人说："你向来干练能办事，别让那个小女孩安然无恙，就赏你一万钱。"仆人应允。

第二天，仆人身藏小刀来到菜市，在人群中向女孩刺上一刀，整个集市便轰动起来。仆人乘乱狂奔逃了回来。

韦固问："刺中了没有？"

仆人说："本来想刺她心的。不想只刺中了眉心。"

此后，韦固又多方求婚，仍然没一次成功的。

又过了14年，因为朝廷念韦固的父亲生前有大功，就任命韦固为相州参军。刺史王泰让韦固兼职治理刑狱，认为韦固有才干，便把女儿嫁给他。

王小姐年龄约十六七岁，容貌美丽，韦固极是满意。只是她眉间常贴着块花钿，就连洗脸时也不取下来。

完婚年余，韦固再三问戴花钿的缘由，夫人才伤心流泪说："我只是刺史的侄女，不是亲女儿。以往父亲曾做宋城县令，死在任上，当时我尚在襁褓中，母亲、哥哥又相继亡故。只在宋城南剩有一处庄田，和奶妈陈氏住在那儿。庄田离旅店近，每天卖蔬菜度日。陈氏怜悯我幼小，一刻也不愿分别，所以常抱着我上菜市。一天，我被一丧心病狂的贼子刺了一刀，刀痕难以祛除，所以用花钿盖上。七八年前，叔叔到附近做官，我才跟他来这里，如今又把我当亲生女儿嫁给您。"

韦固问："那位婆婆是瞎了一只眼的人吗？"

夫人说："是呀。你又怎么知道？"

韦固坦白承认道："刺你的人，是我指使的。"于是将前面发生的事，叙述一遍。

夫妻二人经这番波折，更加相敬相爱。后来生下儿子韦鲲，做到镇守边关的雁门太守，王氏夫人被封为"太原郡太夫人"。

韦固的故事传开后，人们都知道有位神仙管人间婚姻的，只不知他姓甚名谁，只好称"月下老人"，

■ 姻缘树下的月老像

花钿　我国古代时期女人脸上的一种花饰，起源于南朝宋，流行于唐代。花钿以金、银制成花形藏于发上，有红、绿、黄三种颜色，以红色为最多。后来，花钿的形状除梅花状外，还有各式小鸟、小鱼、小鸭等，十分美妙新颖。

《开元天宝遗事》 记述唐开元、天宝年间的逸闻遗事，作者是五代学者王仁裕。全书内容以记述奇异物品，传说事迹为主。其中记唐代宫中七夕、寒食等节日习俗以及豪奢、传书燕等事有一定的社会史料价值。

■ 月下老人塑像

李复言小说《定婚店》中的月下老人，是唐人命定观念在小说中的形象化呈现，古代男女成婚仪式上拜天地父母时牵红带的安排也是由此逐渐演化而来。

在唐代的现实生活当中，也有用绳相系的方式来选择配偶的记载。五代时期文学家王仁裕撰写的记述唐开元、天宝年间的逸闻遗事古籍《开元天宝遗事》一书中，就有一条"牵红丝娶妇"，记载了系绳选妻的故事。

唐代将领郭元振年轻就立下了赫赫战功，名震朝野。他风度翩翩，当时的宰相张嘉贞想把他招为女婿。郭元振对张嘉贞说："我知道您有5位女儿，但我对她们一无所知，所以到底要娶哪个还不确定，让我想想再说吧。"

张嘉贞回答说："我这几个女儿各有姿色，你也不是平凡的人，那我就让5个女儿每人都拿一根红线躲在纱幔后面，你牵到了谁的红线就娶谁吧。"

郭元振欣然从命，就挑了一根红线，娶了张嘉贞的三女儿。后来夫妻和睦，生活很美满。

此事在明万历年间的大型类书《山堂肆考》等书也有记载，说张嘉贞有5女，郭元振不能确定到底娶谁，便用红丝相系而牵

月老像

的办法挑选，这就是所谓的"红丝结褵"。元曲中经常见到这句话，指的就是张嘉贞招婿郭元振这件事。

这类故事，使后人相信男女的结合乃月老牵起红绳加以撮合。当然这些都是传闻，不过也能体现月老牵红线此类婚姻观念与习俗在民间的起源与演进，同时也反映了人们希望"天下有情人终成眷属"的美好愿望。

阅读链接

传说月老本来是不使用红线的，而是很多种颜色的丝线。但是他渐渐发现，如果用了透明的丝线去牵扯姻缘，人们之间的恋情就会很容易断开；而如果用了绿色的丝线，男子就会容易失去妻子；如果用了蓝色的丝线，妻子就会对丈夫心生厌倦，恋情很不容易维持。

就在月老为此苦恼的时候，百花仙子告诉他，红色是最接近人的真心的颜色，也是最真挚的颜色。月老发现用红线维持的恋情总是能圆满，就从此用上了红线。

和睦友爱的和合二仙

和合二仙年画

在民间传说中，有一个拜北斗星神的虔诚女子，修道成仙时，北斗星君询问其所求，女子以手捂口，笑而不答。

北斗星君误以为她祈要胡须，就赐了她长须，因为她笑时呈喜像而封为喜神，因有长须，不再让凡人看到她的形象。从此，喜神专司喜庆，却不显神形。

喜神最大的特点是没有具体的形象，也没有专门的庙宇，高度抽象，但后世也有将祖先画像或商纣王视为喜神进行奉祀。对喜神的敬奉在各种礼俗活动中均很常见，尤其在婚礼中。

有人把和合二仙作为我国的喜神，在我国传统的婚礼喜庆仪式上，常常挂有和合二仙的画轴。

画轴之上是两位活泼可爱、长发披肩的孩童，一位手持荷花，另一位手捧食盒，盒中飞出5只蝙蝠，他们相亲相爱，笑容满面，十分惹人喜爱，人们借此来祝贺新婚夫妇白头偕老，永结同心。

■ 和合二仙塑像

和合二仙手持的物品，件件都是有讲究的。那荷花是并蒂莲的意思，盒子是象征"好合"的意思，而5只蝙蝠，则寓意着五福临门，大吉大利。

实际上和合二仙本是肉身凡胎，并非仙人。据说，唐朝初年，天台山国清寺的丰干禅师出门化缘，在道边捡到一个被人抛弃的男婴。禅师不忍生灵路毙，便把他抱回国清寺抚养。等这个孩子长到六七岁时，便派在寺庙的厨房内打杂。寺庙里的众僧因为不知他父母姓氏，便按他的来历，叫他"拾得"。

在国清寺外面，有个年龄和拾得相仿的乞儿，来历也不清楚。只知道他很小的时候，便常来寺庙前"骂山门"。和尚们吓唬他，他却哈哈大笑，也不害怕。后来，众僧才发现这个乞儿就住在寒岩的石穴内，便叫他"寒山"。

画轴 装裱材料。亦称"轴头"。我国画装裱坠底装饰之用。古代画轴常用檀香木，檀香能辟湿气，且开闸有香气，又能辟蠹。有用玉作轴头的，以古檀为轴身，因植身重，可取两片刳中空，再合柄为轴，这样轻不损画。

寒山寺 在苏州城西阊门外5公里外的枫桥镇，建于六朝时期的梁代天监年间，距今已有1400多年。原名"妙利普明塔院"。唐代贞观年间，传说当时的名僧寒山和拾得曾由天台山来此住持，改名寒山寺。寺内古迹甚多，主要建筑有大雄宝殿、庑殿、藏经楼、碑廊、钟楼、枫江楼等。

■ 和合二仙陶器

后来寒山和拾得结识后，情投意合，亲如兄弟。寒山常常混进寺庙里，找拾得一起去庙外游玩。拾得也常把自己的那一份斋饭盛在一个圆形的食盒中，带到寒山住的石穴内，与他分享。

就这样花开花落，冬去春来，一对顽童长成为半大不小的少年郎了，但他们依然蓬头垢面，嘻嘻哈哈，不知道什么叫忧愁。可是有一天，他们的生活里出现了一位姑娘，偏偏哥儿俩又同时喜欢这个姑娘，烦恼便出现了。而姑娘早已与拾得互生爱意。

一个偶然的机会，寒山终于知道了事情的真相，心里顿时像打翻了五味瓶，酸、苦、辣、咸、涩，唯独没有一丝甜味。他左右为难，怎么办呢？经过几天几夜痛苦思考，寒山想通了，他决定成全拾得的婚事，自己则毅然离开家乡，独自去苏州出家修行了。

十天半月过去了，拾得没有看见过寒山，感到十分奇怪，因为这是从来没发生过的。

一天，他忍不住心头的思念，便信步来到寒山的家中，只见门上插有一封留给他的书信，拆开一看，原来是寒山劝他及早与姑娘结婚成家，并衷心祝福他俩美满幸福。拾得这才恍然大悟，知道了寒山出走的原委，大生感激，心中很难受。

他思前想后，也决定离开姑娘，动身前往苏州寻觅寒山，皈依佛门，于是他揣起那个食盒，也走下了天台山。

离开国清寺后的拾得，一路化缘，一路打听寒山的音讯。因为他们俩的模样和性情太相像，所以询问时十分顺利。没过多久，拾得便循着寒山走过的路，来到了苏州。

■ 和合二仙瓷像

这时寒山也听说拾得来寻找自己的消息，忙折一枝盛开的荷花，前去迎接。小别重逢，哥儿俩欢喜异常。寒山用荷叶给拾得掸尘，拾得捧上食盒，同他共享刚化斋来的饭菜，说说笑笑，很快，他们又回到了无忧无虑的境界中。

经过这次小小的情劫，这两个天资聪颖、生有慧根的少年，彻底解脱了尘缘。从此便结伴募化，发愿立庙，这就是名动天下的"姑苏城外寒山寺"。

后来，寒山与拾得两位笑口常开，成为大家排解祸难的高僧，被民间奉为欢喜之神，并将他们俩少年时的形象画成瑞图，专门悬挂在举行婚礼的喜堂上，以示祝福。

寒山手执荷花，谐个"和"字；拾得拿个食盒，

信 古代称作"尺牍"。古人是将信写在削好的竹片或木片上，一根竹片或木片约在一尺到三尺之间，所以叫尺牍。"信"在古文中有音讯、消息之义，如"阳气极於上，阴信萌乎下。""信"也有托人所传之言可信的意思。在我国古代的书信中，最著名的是秦朝李斯的《谏逐客书》，还有司马迁的《报任安书》。

蝙蝠 由于蝙蝠的"蝠"字与福气的"福"字谐音，因此在中华文化中，蝙蝠是幸福、福气的象征，蝙蝠的造型也经常出现在很多中华传统图案中，如"五福捧寿"就是五个艺术化的蝙蝠造型围绕着一个寿字图案。

谐个"合"字，暗寓夫妻和谐合好。食盒中飞出的蝙蝠，则以"蝠""福"同音，象征美满和幸福。

我国民间珍视他俩情同手足的情意，把他俩推崇为和睦友爱的民间爱神。至清代雍正皇帝正式封寒山为"和圣"，拾得为"合圣"后，和合二仙从此名扬天下。

也有人说，和合二仙实际上是两个犯了错而成仙的小道士。

相传在很久很久以前，华山的云台峰上，住着一位修道者，他带领两个徒弟专心致志地修道炼丹。

为了找回药材，这位老师父每天一早都会背上背筐，拿着药锄，走出庙门，爬遍峰岭沟坡，寻找药材，直到日落西山时才肯回来。

■ 拾得塑像

一天，老师父正在山间挖药，忽然来了两个头结发髻，身穿红色肚兜的胖娃娃。这两个天真活泼、跳跳蹦蹦的娃娃一来，就帮着他寻找药苗。太阳西下，他要回家了，两个可爱的娃娃也就一跳一蹦地消失在密林里。

就这样一天、两天、三天，这两个娃娃天天都是他来则来，他回则回。日子长了，他不由得疑惑起来，到底是谁家这一对既懂事，又勤快的娃娃？一定得弄个清楚才是。

有一天，两个娃娃又来帮他挖药，他就说道："你们是谁家的娃娃？家住哪里？"

两个孩子齐声说："我们是山里的娃娃，就住在这个山里。"说罢，又跑来跑去，寻找药苗。

"就在这个山里？"老道士回想这个山中了无人烟，不由得纳闷起来。但看见这两个孩子天真无忧的神情，没有追问下去。

■ 和合二仙风筝

日落暮临的时候，当他刚背起装满药草的背筐时，两个娃娃把手一扬，说："来日再见！"说毕，边跳边笑地跑下山去。

这时，老道士紧跟了几步，躲在一块大石后面，双目一直盯着。但是，两个娃娃一眨眼就消失在霭霭的烟雾之中了，还是没有看清楚。

回到庙里，老道士坐在油灯下，和两个徒弟一边择拣采来的药材，一边思索着：如果说那两个孩子是妖物，从没见过有害人之意；说他俩是神仙，可也没见过有神奇的表现。那究竟是什么？总得设法知道个究竟。于是，老道士想啊，想啊，终于想出了一个好法子。最后，他不由得脱口而出地说："就这样办！就这样办！"

两个徒弟一听，问道："师父，就咋样办？"

听徒弟一问，他才醒悟过来，忙掩饰地说："没

肚兜 又称"抹胸"，是我国传统服饰中护胸腹的贴身内衣，形状多为正方形或长方形，对角设计，上角裁去，成凹状浅半圆形，下角有的呈尖形，有的呈圆弧形。肚兜的面上常有图案，有印花有绣花，印花流行的多是蓝印花布，图案多为吉祥图案。

什么，没什么。"

夜半时分，老道士悄悄取出了针线包，从中抽出一根白线，用针穿好。天刚一亮，他就背上背筐，走出门去。

两个娃娃一如既往，还是高高兴兴地帮他寻找药苗。但他却两眼紧紧地盯着娃娃，想寻找一个适当的机会，把备好的针线别在他俩任何一个人的身上。

当两个娃娃抱着一大堆草药，弯腰装筐的时候，老道士迅速而轻巧地把早已捏在手中的针线，别在了一个娃娃的背上，随即和娃娃分手，走回家去。

第二天早晨，老道士仍然背上背筐，荷着药锄出了门。但他没有去挖药，却朝着平时两个娃娃的去向一路走来，慢步寻觅着精心做的记号。他找啊，找啊，终于在一个深沟里的一块小茅坪上，隐隐看见

和合二仙绘画

浓绿的草丛中，一条白线在风中微微飘动。老道士急忙向前走了几步，低头一看，果然是自己的针线附在一个小而苗壮的草叶上。可仔细一看，心里凉了半截，除了几根异样的草苗，任何东西都没有。

老道士想，反正记号在这里，就要弄个究竟。于是，他就操起药锄，围着小苗四周挖起来。果然，在很深的土层中，挖出一根很粗的根茎。他顺手一拔，原来是一根白光细嫩的大黄芩。

老道士喜滋滋地刚要把黄芩放进筐内，忽然听到筐内黄芩指着旁边另一根小草说道："不光是我，还有它呢！"

老道士一听，又在那根小草周围挖起来。挖出一看，嗬！竟是一根四肢齐全的大人参！

老道士把人参和黄芩放在筐里，就往回走。路上，他走着想着，人参、黄芩都是名药，真是天赐之物，我何不精心炮制，救济世人呢。

回到庙里，老道士立即另行安置了锅灶，洗刷了所有器皿，添上特意从"玉井"中取来的圣洁的玉液，然后把洗净的人参放在锅里煮起来。

第二天，老道士又要出去挖药，就用石块把锅盖一压，对两个徒弟说："这药要烧七天七夜，才能揭锅盖。我走后，只用文火烧炖就行。"两个徒弟按照

■ 和合二仙古画

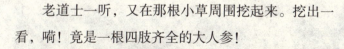

人参 古代人参的雅称为黄精、地精、神草。人参被人们称为"百草之王"，是闻名退迩的"东北三宝"之一，是驰名中外、老幼皆知的名贵药材。由于根部肥大，形若纺锤，常有分叉，全貌颇似人的头、手、足和四肢，故而称为人参。

师父的嘱咐用文火烧炖起来。

炖到第五天，两人边炖边议论着，"师父平日制药，总是边做边教，唯恐咱俩记不牢，可这次偏不叫揭锅。"这样一谈，都觉得有点蹊跷，越谈越怀疑，越想揭开锅看看。

于是，两人揭开锅盖，不看则已，一看是又惊又喜，炖了几天的人参显得格外白胖，浮游在锅里，肥嫩细腻，浓香扑鼻。两人不由得捏了一块，尝了一尝，叫道："世上难得的美味啊！"就这样，两个小徒弟把人参竟吃得干干净净。

到了第七日那天，老道士只挖了半天药，就匆匆回来了。他一进庙门，就对两个徒弟说："药炖好了，这下就能炮制出一大堆健心益神、延年益寿的好药来。"说着搬掉石头，揭开锅盖，一看，人参一点也没有了，只剩下点汤。

庙 世间的达圣贤人去世之后，都可以建造庙宇，像孔庙、二王庙等都是敬仰圣贤的地方。庙通"妙"，所以庙是妙法真如的地方，应当顶礼进行膜拜。寺庙很庄严，庙内的每一寸土地都不能随意更改，并且有着严格的等级制度。

140

万事如意

民间吉神与文化内涵

■ 仿舒釉和合二仙像

老道士感到奇怪，抬头看两个徒弟，两人垂下头一声不响。老道士明白了，厉声训斥说："啊，原来你们两个孽障把它偷吃了！你们知道这株灵药可以救治多少人吗！真是不懂事！"说着，就拾起捅火棍，劈头打来。

两个徒弟一见老师父真的动了气，撒腿就往庙门外跑。老道士见徒弟跑了，心想，自己何必动火，药没了上山去再慢慢找寻，徒弟跑了，可到哪里去找？想到这儿，连忙跑出庙门，大声喊："你俩给我回来！"边喊边追。

两个徒弟一看，师父手里提着捅火棍追来，越跑越快。老道士一看徒弟不停脚，越急声越大："你俩给我回来，你俩给我回来！"

前面跑，后面撵，向南跑着，喊着，忽然一声巨响，眼看两个徒弟的身子，居然飞到了天上去。

老道士"啊呀"一声，腿一软，坐在了地上。

从那时起，华山"水帘洞"旁的山石上，有了两个携手而站的人影，后人把它叫"和合二仙"。人们游到华山，站到聚仙台上，往南一望，"和合二仙"就隐约可见。

和合二仙是民间最受欢迎的神之一，他们在寺庙供奉的不多，而多见于年画和门神画中。画中的和合二人是两个胖胖的仙童，一个穿红缎子衣物，一个着绿缎子衣物；一人高举一朵绽开的荷花，一个手

和合二仙陶器

141

美满良缘

喜神

■ 和合门神

捧一个食盒。二人都扎着丫角髻，露出兴高采烈的神气。

有时，和合又作为配祀的神，与财神、福神等一同出现，象征福气、财气和欢乐。在《周礼·地官》中，有"使媒求妇，和合二姓"，意为和合二仙，是主婚姻之神，因而，和合二仙图也常悬挂于婚礼上，以示夫妻和睦、幸福美满。

阅读链接

相传姜子牙在封神时将商纣王封为喜神，谁家结婚都得请他送喜。可是，纣王当了喜神却劣习难改，他看见哪个新媳妇长得好，就抢回来给自己做小老婆。

百姓都非常气愤，可是娶媳妇不能不请喜神，大家无奈，只好求姜子牙帮忙想想办法。姜子牙告诉大家："要给新媳妇蒙头红，新媳妇一进门就要放鞭炮。"大家照这个办法做了。果然，纣王一见新媳妇蒙着头红，一听鞭炮响，就吓得赶快驾云回天了。

142

万事如意

民间吉神与文化内涵

鹤发童颜的老寿星彭祖

寿星是我国神话中的长寿之神。也是道教中的神仙，是福、禄、寿三星之一，又称南极老人星。秦始皇统一天下后，在长安附近杜县建寿星祠，后来寿星演变成仙人名称。

明代神魔小说《西游记》写寿星"手捧灵芝"，长头大耳短身躯。白话短篇小说集《警世通言》有"福、禄、寿三星度世"的神话故事。画像中寿星为白须老翁，持杖，额部隆起。古人作长寿老人的象征。常衬托以鹿、鹤、仙桃等，象征长寿。

寿星画像

司马迁 字子长，生于西汉时夏阳，即今陕西省韩城。西汉史学家和文学家。被世人称为"历史之父"。他所著的《史记》是我国第一部纪传体通史，同时在文学上取得了辉煌的艺术成就。因此，鲁迅称之为"史家之绝唱，无韵之离骚"。

我国西汉史学家司马迁在《史记·天官书》中记载，秦朝统一天下时就开始在首都咸阳建造寿星祠，供奉南极老人星。

当时的古人供奉寿星的理由与古时的祥瑞信仰有关，大意是说见到寿星，天下太平；见不到就预示会有战乱发生。早期星相著作中，也讲到如果老人星颜色越是暗淡，甚至完全不见，就预示将有战乱发生。此外，司马迁的《史记·封禅书》里面也写道：

寿星，盖南极老人星也，见则天下理安，故祠之以祈福寿也。

■ 彭祖画像

我国古代的太平盛世的确是短暂而且稀少的。几十年的一乱一治，分久必合，合久必分，而这颗时隐时现的老人星恰是这种动荡局面的绝好象征。但这仅仅是象征还远远不够，古人观天象，占吉凶，都是有很强的实用性的。

那么南极老人星的实用价值在哪里呢？或许就在于他的老年人身份，和他能够承载一种重要的伦理价值观念，那就是尊老、孝道。

东汉明帝在位期间，曾主持一次祭祀寿星仪式。他亲自奉献供品，宣读表达敬意的祭文。同时还安排了一次特殊的宴会，与会者是清一色的古稀老人。

当时，普天之下只要年满70岁的老人，无论贵族还是平民，都有资格成为汉明帝的座上客。盛宴之后，皇帝还赠送酒肉、谷米和一柄做工精美的手杖。

这件盛事记录在我国第一部纪传体断代史《汉书·礼乐志》中，同时敬奉天上的寿星和人间的长寿老人，是汉明帝的一大创举。

寿星在历史上是有一个具体的人的，名叫彭祖。根据我国古代地方志著作《华阳国志》的记载，四川眉山彭山镇是彭祖的故乡。古人把彭祖视为天上的寿星，是因为他保持着最高长寿纪录，767岁。这种说法来自东晋葛洪的古代志怪小说集《神仙传》。

767岁自然是不可信的，这是以当时66天为一年纪年的方法所指的年纪，是古时彭山一带"小花甲计岁法"的结果。小花甲计岁法源于"六十甲子日"，就是古代所传50个星宿神依次值日一圈的时间。

民间崇拜上天星宿，凡人寿命皆与星宿对应，便以60个星宿神轮流值日一周的时间为一岁。如果按后

寿星像

《汉书·礼乐志》《礼乐志》是《汉书》中的一篇，主要介绍的是西汉一朝的礼乐制度的情况。《汉书》是我国第一部纪传体断代史，对史学研究贡献了突出的价值。《汉书》记载了西汉王朝一朝的历史，从汉高祖元年到王莽地皇四年，即公元前206年到公元23年共220多年的历史。

来365天作为一年记，彭祖的实际寿命为159岁。

767岁的高寿虽假，但历史上彭祖似乎确有其人。《史记·楚世家》记载了他的显赫出身，他是"五帝"之一颛顼的孙子。而有关他的长寿故事早在秦汉以前就已流传。战国时期楚国诗人屈原的长诗《天问》中就曾提到他，孔子和庄周在自己的著作中也都将他视为长寿的典范。

彭祖虽然不是天上星官，但人们确信他掌握了一套养生的方法，是真实生活中靠修炼获得长生不老的成功者。这也是人们将他与寿星合二为一的原因。

可以活到767岁，这是怎样一种长生不老的养生术？《庄子·刻意》中有记载：

吐故纳新，熊经鸟伸，导引之术，彭祖寿考者好之。

《庄子·刻意》 道家学派经典著作的篇章之一，以篇首两字作为篇名，"刻意"的意思就是磨砺自己的心志。本篇内容是讨论修养的，不同的人有不同的修养要求，只有"虚无恬淡"才合于"天德"，因而也才是修养的最高境界。

万事如意

民间吉神与义化内涵

■ 彭祖石像

■ 彭祖祠堂

吐故纳新是说用意念调节呼吸，熊经鸟伸和导引又是怎么回事呢？所谓"熊经"，是指模仿熊攀援的动作；所谓"鸟伸"，是指模仿鸟类尤其是鹤展翅引颈的姿态。由此可知，彭祖的导引术实际上是一种模仿动物形体动作的健身体操。

先秦道家认为，天地是不朽和永恒的，天地化生万物、孕育生命，这是天地至仁至善之大德。人们认为天是仁慈的，本来在赋予生命的同时也教给人们长寿之术。可是后来人们沉浸在各种物欲功利带来的肤浅快乐中不能自拔，于是渐渐失去了长寿本能。但还是有补救办法，那就是道家主张的"道法自然"，向自然界的动物们学习。

模仿熊，是因为熊能在冬眠期长达数月不进食，养生家认为这是因为它通晓食气辟谷之术。模仿鹤的理由似乎是看中它的优雅和扶摇升空时自在逍遥；或

鹤 寓意延年益寿。在古代是一鸟之下，万鸟之上，仅次于凤凰，明清一品官吏的官服编织的图案就是"仙鹤"。同时鹤因为仙风道骨，为羽族之长，自古就被称为是"一品鸟"，寓意第一。鹤代表长寿、富贵，据传说它享有几千年的寿命。鹤独立，翘首远望，姿态优美，色彩不艳不娇，高雅大方。

■ 彭祖塑像

炼丹术 又称为"金丹术""炼金术""点金术"或"黄白术"，是炼制"神丹"的方法。我国古时有"成仙"的说法，古人认为人的肉体可借助某种神奇的药物而获得永生，而冶金术被古人认为是制作这种"神丹"的唯一方法。

许人们想象自己得道成仙那一刻，也应当像仙鹤那样优哉游哉。

魏晋以来，道教的养生理论渐成体系，托名彭祖的著述多达数十部，有《彭祖养性经》《彭祖摄生养性论》及《彭祖养性备急方》等。除了导引气功、炼丹术、中医中药等养生疗病理论以外，还涉及烹饪饮食和房中术。

道教经典中早就谈到人的这两种生理需求，"食、色，性也"，认为这是人与生俱来的欲望。与儒家视之为洪水猛兽的态度截然相反，彭祖养生术不避讳谈食谈色，并将其作为重要的修炼内容。

所谓食，是指饮食烹饪术。过去厨师行业将彭祖作为祖师爷，传说彭祖生日那天，全国的烹饪大师齐聚徐州城东门外的彭祖庙，拜谒祖师爷彭祖。因为彭祖是有记载以来的第一位美食家和技艺高超的厨师。

早在屈原的《天问》中，就提到彭祖调制野鸡羹献给尧帝的著名典故：作为当时部落首领的尧帝指挥治水，由于长期心怀部落和部众安危，尧帝积劳成疾，卧病在床。数天滴水未进，生命垂危。

就在这危急关头，彭祖根据自己的养生之道，立刻下厨做了一道野鸡汤。汤还没端到跟前，尧帝远远闻到香味，竟然翻身跃起，食指大动，随后一饮而尽，次日容光焕发。此后尧帝每日必食此鸡汤，虽日理万机，却百病不生，此事被传为美谈并流传下来。

雉鸡当时并不罕见，配料也无玄机，关键就集中在彭祖的另一秘方上。古籍《彭祖养道》上曾记载："帝食，天养员木果籽。"一碗普通的鸡汤能够有点水成药的养生功效，其实是来自这枚小小的茶籽。

因此后人认为，彭祖正是知道茶籽的养生功效，才会一招中的。尧帝在位70年，终于118岁仙寿的秘密也尽在这茶籽之中。

彭祖烹饪手艺之高超，居然可以治愈厌食顽症，那么吃出健康长寿的观念也就很容易被人们接受。饮食烹饪术随即被纳入养生理论，并与导引健身相辅相成。

模仿长寿动物的形体动作可以长生不老，而另一种更直接的方法就是把它吃下去。于是所谓长寿动物如乌龟、鹿、鳖都成了长寿滋补品，借助导引体操和烹饪美食达到健身长寿目的，可谓是双管齐下。

关于彭祖的传说故事还有很多。其中之一是说彭祖和陈抟老祖两人，原来都在天宫玉皇大帝身边主事。一

典故 原指旧制、旧例，也是汉代掌管礼乐制度等史实者的官名。后来一种常见的意义是指关于历史人物、典章制度等的故事或传说。典故这个名称，由来已久。最早可追溯到汉朝，《后汉书·东平宪王苍传》中记载："亲屈至尊，降礼下臣，每赐宴见，辄兴席改容，中宫亲拜，事过典故。"

■ 彭祖画像

个管着诸神的生死簿，一个管着功德簿。

有一天，陈抟对彭祖说："我劳累过度，想好好睡一觉。如有要紧事，你把我叫醒。"彭祖答："好，你尽管放心睡觉去吧！"

彭祖一见陈抟去睡觉，想乘此机会到凡间游玩一番。他代陈抟更换生死簿名单，发现他的名字也在上面。彭祖一想：不好，如果我到凡间被玉帝发现了，就会很快派人把我召回。

彭祖灵机一动，把生死簿上写有"彭祖"名字的那一页纸撕了下来，捻成纸绳订在本子上。从此，这个生死簿上，再也找不到彭祖的名字了，他这才放心地下凡去了。

150

万事如意

民间吉神与文化内涵

■ 缂丝寿星图

彭祖流落人间，做了商代士大夫。他先后娶了49个妻子，生了54个儿子，都一一衰老死亡，而彭祖依然年轻力壮，行动洒脱。当他娶了第50个妻子后，就辞官不做，到处游山玩水，直到这第50位妻子由当年的黄花闺女变成老太婆时，才定居到宜君县一个小山村。这时彭祖已800岁了。

有一天晚上，夫妻俩睡在床上聊天，妻子问他："我是快死的人了，我死后你再娶妻不娶？"彭祖毫不介意地说："当然还要娶，不然谁陪伴我！"妻子又问："你怎么一直不会衰老呢？难道生死簿上没有你的名字吗？"

彭祖哈哈大笑回答说："我永远不会死的！生死簿上有我的名字，他们就是找不着。"妻子接着问："那你的名字在什么地方？"彭祖一时得意说出了实情。妻子这才明白彭祖一直不死的奥秘。

这位妻子死后，脱下凡胎肉体回到天宫，向玉皇大帝诉说了此事。玉帝听后恍然大悟，命差神赶快去叫陈抟老祖。谁知陈抟这时还没有睡醒，玉帝只好另派二位差神下凡去找彭祖。

由于年代久远，派下来的差神根本不认得彭祖，找寻许久毫无音讯。这两位差神不敢轻易地回到天宫交差，只好遍跑人间，四处打听。

一天，两位差神来到宜君县彭村，趁木匠吃饭之机，偷走解板大锯，到打麦场上使劲地锯一个碌碡，一下招来很多乡亲围着看稀奇。

这时，彭祖也前来观看。人们七嘴八舌，议论纷纷，彭祖也因自己年事高，经历广，趁机讥笑说："我彭祖活了800岁，没见过有人锯碌碡。"

话音刚落，二位差使把锯一扔，当场就锁住了彭

■ 缂丝寿星图

生死簿 我国道教传说中的天地人三书之一，即天书封神榜，地书大地胎膜，人书生死簿。生死簿与春秋轮回笔为一套，由阴曹地府崔判官执掌，用来分辨三界生物之善恶，定赏罚，明功过。

寿星图

民间吉神与文化内涵

永乐宫 又名大纯阳万寿宫，道教主流全真派圣地，位于山西的龙泉村。永乐宫始建于元代，施工期前后共110多年，才建成了这个规格宏大的道教宫殿式建筑群。永乐宫是典型的元代建筑风格，宫殿内部的墙壁上布满了精心绘制的壁画，其艺术价值之高，数量之多，实属世上罕见。

祖。这天夜里，彭祖就去世了，享年800余岁。

还有人说河南濮阳的徐三亭是寿星的原型。传说徐三亭的头、身子、腿三个部分一样长，由于徐三亭乐善好施、爱帮助邻里，所以人们都尊称他为徐三爷。

徐三爷帮邻居家看孩子，有一位大嫂在田里对另一位同村但相距较远的另外一家妇女说："三爷这人真好，刚才又给我家看孩子去了。"另一位妇女说："不会吧！三爷刚刚还在我家。"

这事一传开，人们都以为徐三爷是个神仙，会分身术。徐三亭活了108岁，不食烟火，鹤发童颜，银髯过膝，平时种一桃园，只吃仙桃，不食饭菜。后归仙界，被封寿星。后人为纪念徐三爷，改烟城为徐镇，并定二月九日他生日这天举行香会公祭。

在后世的民间传说中，还常将南极长生大帝和南极老人星混同为一，也许就是因为他们名字中都有南极，和长生长寿概念接近的缘故。但在道教神仙谱系中，这两位神的地位都远比彭祖高。

道教认为，彭祖虽然长寿有道，但毕竟是历史人物，比不得南极大帝和南极老人星天神一般尊贵。所以说起寿星，还是以南极老人星或南极仙翁身份最为出名。

由于道教养生观念的融入，也使寿星形象发生相应的改变，最突出的要数他硕大无比的脑门儿。山西永乐宫壁画中的寿星，可能是存世最古老的寿星形象。

在永乐宫上千位神仙中，寿星之所以一眼就能被认出，就是因为他那超级的大脑门儿。寿星的大脑门儿，也与古代养生术所营造的长寿意象紧密相关。比如丹顶鹤的头部就高高隆起，再如寿桃是王母娘娘蟠桃会上特供的长寿仙果。

传说蟠桃是3000年一开花，3000年一结果，食用后立刻成仙长生不老。或许就是因为这种种长寿意象融合叠加，最终造就了寿星的大脑门儿。

寿星常带的东西还有手中的那柄手杖。这手杖的原型也就是来自于汉明帝祭祀寿星仪式时赏赐的做工精美的手杖。手杖还象征着汉明帝赋予老年人的特权。

王杖也称鸠杖，因手杖的顶端为斑鸠鸟的雕像得名。1958年，汉

■ 寿星塑像

寿星画像

墓出土过两柄这样的鸠杖，鸠杖下部木制杖身早已炭化无存，而头部的斑鸠雕像由于有漆膜保护，历经1800多年仍旧光亮如新。

魏晋以后，寿星的手杖产生了变化，斑鸠的王杖换成了桃木手杖，其政治教化功能逐渐被削弱。据说桃木能祛病强身，延年益寿，过去象征特权的王杖，成了寿星手中祛病强身的长寿吉祥物。

明代时，朝廷下令取消了自秦汉以来沿袭的国家祭祀寿星制度。寿星被完全去除了政治色彩，从此大跨步进入民间，成为我国古代最具世俗品格的神仙。

阅读链接

相传孙膑18岁离开家乡到千里之外的云蒙山拜鬼谷子为师学习兵法。一去就是12年，那年的五月初五，孙膑猛然想到："今天是老母八十岁生日。"于是向师傅请假回家看望母亲。师傅摘下一个桃送给孙膑说："你在外学艺未能报效母恩，我送给你一个桃带回去给令堂上寿。"

孙膑回到家里，从怀里捧出师傅送的桃给母亲。没想到老母亲还没吃完桃，容颜就变年轻了，全家人都非常高兴。人们听说孙膑的母亲吃了桃变年轻了，也想让自己的父母长寿健康，便都效仿孙膑，在父母过生日的时候送鲜桃祝寿。

成仙的麻姑酿酒献寿

　　麻姑是道教神话人物。据道教著作《神仙传》记载，麻姑是女性，修道于牟州东南姑余山，古时以麻姑喻女性高寿。又流传有三月三日西王母寿辰，麻姑于绛珠河边以灵芝酿酒祝寿的故事。过去民间为女性祝寿多赠麻姑像，取名麻姑献寿。

古画麻姑献寿

　　据东晋道教学者葛洪在《神仙传·麻姑传》中记载说：东汉桓帝某年的七月七日，神仙王远降临在江苏吴县一个名叫蔡经的人家里。蔡经的家人早就预备好丰盛的酒菜，迎接神仙的降临。当神仙起驾的时候，人们听到了天上人马、锣鼓喧腾的声音。

颜真卿（709年~784年，一说709年~785年），字清臣，唐京兆万年，即今陕西西安人，祖籍唐琅琊临沂，即今山东临沂。唐代中期杰出书法家。他所创立的"颜体"楷书与赵孟頫、柳公权、欧阳询并称"楷书四大家"。

王远到来了，只见此人中等的身材，头戴远游冠，身着朱衣，佩带五彩的绅带，背上挂着宝剑，乘坐在羽车上，由五彩飞龙拖着座车。

王远接见了蔡经一家人后，就派遣使者，请仙女麻姑赴宴。使者传达了麻姑的意思后，不多久，天上又响起了喧腾的声音，麻姑下凡了。

只见麻姑是个十七八岁俏美的姑娘，头顶结了一个髻，剩余的长发乌溜溜的垂到了腰际，穿着光彩夺目。仙女和王远寒暄完毕后，各人拿出了携带的食物，大多数是水果、干肉之类。

■ 《麻姑献寿图》

闲谈的时候，麻姑说："自从上次和你见面以后，我亲眼见到东海三次变为桑田。不久前，我又去了一趟蓬莱岛，这地方的水，比昔日召开群仙大会时少了一半，我想，不多久后也会变成陆地吧！"

王远感叹道："古代圣人也说海中会飞扬尘埃这样的话。"

《神仙传·麻姑传》中说，麻姑与另一仙人王方平互不相见已有500余年了，可见她的寿诞之长。并且她还说看见东海三为桑田，向别蓬莱，人世间沧海变桑田的变化，至少上万年之久，她竟然看到过三次，可见她几乎能与天地同寿。

于是麻姑便成为长寿的象征，与寿星地位相仿。后来，民间传说三月初三为王母祝寿的蟠桃盛会上，麻姑献以绛珠河畔灵芝酿成的美酒作为礼物，这就是"麻姑献寿"的来历。

麻姑并不是天上的寿宿，而是自己修炼成仙的。传说她修炼的地方叫"麻承山丹霞宛陵洞天"，是道教三十六洞天之二十八洞天，七十二福地中之第十福地。

唐代著名书法家颜真卿任江西抚州刺史时，写过有名的《麻姑仙坛记》碑。在鬼城丰都附近，也有"仙姑岩""麻姑洞"等麻姑曾修炼或住过的地方。

由于麻姑是道教神仙，因此《神仙传·麻姑传》还记载她有变米为丹砂的仙术。古籍《闻奇录》也说麻姑"生时有道术，能履行水上"。

民间流传的说法中，普遍认为麻姑是被点化成仙的。据说麻姑自小生活在一个贫苦的家庭里，她的父亲叫麻秋，性情暴躁，在一个集镇上替人养马。

一天，麻姑在一户人家做好针线活，主人很满意，赏了一个大桃子给她。古时候，桃子在水果中是上品，麻姑舍不得吃，把桃子揣在怀里，想拿回家与父亲一起尝尝鲜。

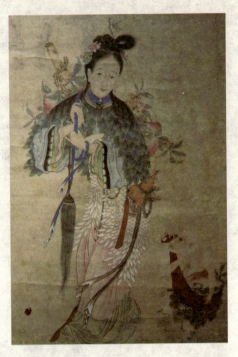

《麻姑献寿图》

蓬莱岛 蓬莱山，又称"蓬莱""蓬山""蓬丘"或"蓬壶"，是我国传说中渤海的三座神山之一，自古便是秦始皇、汉武帝求仙访药之处。相传蓬莱岛是神仙居住之所，岛上的东西都是白色的，宫阙由黄金白银建成，树上结满珍珠，树上的果实食用后能令人长生不老。

麻姑路过街上，看见路边围着一圈人，就好奇地朝里面看。原来有一位身着黄衣衫的老婆婆躺倒在地上，奄奄一息。边上有几个人说："老婆婆是饿的，如果吃点东西，也许会好的。"可是，大家只是说着，谁也没有拿出东西给老婆婆吃。

那时兵荒马乱的，青壮年都拉去打仗，田地都荒芜了，粮食很珍贵。麻姑看不过去，就从怀里拿出那只桃子，蹲下身来扶起老婆婆，用桃子喂她。

桃子又甜，汁水又多，老婆婆吃了很快缓过劲来。周围的人也都啧啧地称赞麻姑。

这时，老婆婆开口说道："孩子，谢谢你，能不能再给我喝点粥汤啊？"

万事如意

民间吉神与文化内涵

任薰画作《麻姑献寿图》

"好呀，我就回去帮您煮去。"麻姑看见老婆婆能开口说话很高兴，她把老婆婆扶到洞街的屋檐下坐着，自己三步并做两步地朝家里走去。

麻姑回家就生火煮粥，父亲麻秋回到家，她把街上遇的情况告诉了父亲。没料到麻秋脸一沉地说道："这种老家伙，饿死算了！你给她吃桃子，已经是她很大的福分了。我们家的粮食本来就不够，你竟敢自作主张煮粥给她，实在是不像话！"麻秋不让麻姑为老婆婆送粥，并把她关进了后屋不许外出。

半夜里，麻姑仍惦念着街上黄

衣衫老婆婆的安危，她听到前屋的父亲呼呼的酣睡声后，就轻手轻脚地走出后屋，从锅里舀了一碗粥，快步来到街上，但街上除了狗吠声，哪儿还有老婆婆的踪影？

麻姑很焦急，到处寻找老婆婆。月光下，只见原来老婆婆坐的地方，有颗桃核留在那里，就拾了起来。这时父亲麻秋醒来了，发现女儿不在家中，便找到街上，遇见麻姑，就气急败坏地连推带操把麻姑拖回家，狠狠地打了一顿。

刺绣麻姑像图

第二天晚上，昨天一夜没合眼的麻姑刚睡下，就看见穿黄衣衫的老婆婆朝自己笑盈盈地走来了。老婆婆抚摸着麻姑的头说："孩子，谢谢你！亏你有一片善心。那桃子果然是好东西，我吃了已经足够益寿延年了，你放心吧。"说着转身要离开。

麻姑噙着眼泪，受了委屈似的把头埋在老婆婆的怀里哭了。老婆婆安慰她说："好孩子，别难过，以后我们还有机会见面的。"说完就飘然而去了。

麻姑在睡梦里哭醒了，细细品味着梦里的事情，觉得黄衣衫老婆婆很不一般。

早上起床，麻姑把自己藏好的桃核种在自家的院子里，一年的时间就长成了一棵大桃树。奇怪的是，这棵桃树每年正月里开花，三月里就结出又大又红的桃子，每年三月引来了许多人来看热闹。

万事如意

民间吉神与文化内涵

阴历三月正是青黄不接的时节，麻姑就用桃子接济附近一些贫困饥饿的老年人。更奇怪的是，老年人吃了麻姑送的桃子都养得很好，不仅能几天不吃饭不觉得饿，而且原来身上的小痛小病也治好了。

集镇上的老年人见到麻姑这样善良能干，私下里都说她是天仙下凡，每年三月送桃时就称她是"麻姑献寿"。

后来，麻姑的父亲麻秋因作战勇敢，屡立战功而被封为征东将军，管辖包括自己原来住的这个集镇在内的一块地盘。麻秋衣锦还乡，为了炫耀自己，还建造了一座富丽堂皇的将军府。但是麻姑却还和往常一样和邻里们相处在一起，一点样子没变。

麻秋得知女儿情况很不满意，觉得丢了自己做大将军的面子。就派士兵砍倒了桃树，烧了原来的住房，硬逼着麻姑住进了将军府。麻姑住在将军府，虽然是饭来张口，衣来伸手做小姐，但不能和邻里们来往，所以心里一点儿也不愉快。

有一天，她实在感到烦闷，就由丫鬟陪着，走出府外散散心，看见集镇周围在大兴土木。许多人在辛苦地劳动着，他们个个面黄肌瘦、衣衫褴褛，她就问丫鬟是怎么回事。

丫鬟回答说："这是将军爷抓

■ 《麻姑献寿图》

来的俘虏和拉来的劳工，集镇要筑城与外族人打仗。小姐你看，将军爷在那儿监工呢！"

顺着丫鬟指的方向，麻姑看见父亲正在用鞭子抽打每一个从他面前走过的劳工，嘴里不住地喊："快！快！"

麻姑看不下去，急忙走向前去劝说："爹爹，让这些人也能喘口气吧。"

麻秋没想到女儿会到这儿来管他的事，两眼一瞪没好气地说："去，去！女孩儿家懂什么！"说罢再也不理麻姑了。

麻姑看见民工伤病很多，非常同情他们的遭遇，常常瞒着父亲从将军府拿些药来给民工们医治，有时还为民工们缝补衣物。民工们知道她是麻秋的女儿，都不解地说："将军爷怎么会有这么好的女儿？"

麻姑得知民工们做夜班时间很长，一直要做到鸡叫才能休息，就再一次要求父亲多给民工一点休息时间，结果还是遭到父亲的训斥。麻姑明白要再去求父

《麻姑献寿图》

亲是无济于事的，就决定另想办法。

一天夜晚，四更天，麻姑悄悄地起床，来到鸡窝旁，轻轻地学公鸡叫："喔，喔，喔——"鸡窝里的鸡惊醒了，也昂着头，啼叫起来："喔，喔，喔——"全镇上的其他雄鸡听见，都跟着啼叫起来。

做夜班的民工们听见鸡叫，就兴奋地大叫："放工啦！"他们为能提早放工而高兴。一连几天都是这样，他们没想到公鸡早啼是麻姑帮的忙。

公鸡提早啼叫引起了麻秋的怀疑，因为每次鸡叫都是从将军府周围开始的。于是，他派人暗中监视麻姑，终于证实了自己的猜测。麻秋很恼火，一定要惩治女儿，就叫人先把麻姑锁进闺房内。

麻姑被锁在闺房想逃出去，但一点办法也没有。这时，一扇窗户打开了，麻姑一看，竟是穿黄衣衫的老婆婆。老婆婆说："孩子，我

金线绣麻姑献寿

们又见面了，你和你父亲的缘分已尽，还是跟我走吧。"

原来，穿黄衣衫的老婆婆是梨山老母，上次她吃了麻姑的桃子是普通桃子，留下的却是仙桃核，让麻姑去接济贫困老人。她觉得麻姑是位善良的姑娘，所以这次来解救她，并带她去修道成仙。

麻秋回家，想狠狠地痛打女儿一顿，但打开闺门，怎么也找不到麻姑，只得狠狠地把锁门人打了一顿。从此，麻秋再也没见到过自己的女儿。

麻姑跟随梨山老母修道成仙

后，每年三月，经常送桃给贫困的老人吃。也有人说，后来麻姑被盛怒之下的父亲关进了牢狱。麻秋多次劝她认错，许之以荣华富贵，可她却始终不为之心动。后来，她将米粒化作宝珠，撒在地上引得贪婪的狱官追捡，趁机逃狱。

麻秋率兵随后追赶，追至深谷边，麻姑走投无路，刚想投谷而去，王母娘娘正巧从此处经过，于是在祥云中她拔下玉簪扔下谷去，化作一道玉桥，麻姑最终得救。

■ 麻姑献寿图

过了深谷后，麻姑又在王母娘娘的指点下，乘清风白云走了九天九夜，来到海上一座仙山。这里云缭雾绕，松青柏翠；坡上桃林，果大味美；谷底泉水，穿过坚石巨岩，潺潺声似箫音笙韵。

于是，麻姑在此仙山净土处潜心修炼，并精心培育仙果，采集灵芝酿造美酒。数年后，麻姑修炼成仙，选择农历三月三，带着酿好的美酒和采摘的仙桃，升空去拜见王母娘娘，答谢救生点化之恩。

麻姑在我国民俗中，一直与美貌、健康长寿联系在一起。正如唐朝诗人刘禹锡所言："曾游仙迹见丰碑，除却麻姑更有谁？"白居易有诗云："愿学麻姑长不老，擗麟开宴话桑田。"宋代宰相张商英更有赞

闺房 在我国的传统文化中，未婚女子的住所称作"闺房"，是青春少女坐卧起居、修炼女红、研习诗书礼仪的所在。闺阁生活是女子一生中极为重要且最温馨、美好的阶段。古人又把"闺房"称作"香闺"，把未嫁女子唤作"待字闺中"，更是不吝笔墨把大量诗词歌赋来描绘闺阁情趣，香艳、生动、鲜活并自成一派。

美麻姑寿酒的"玉池且勺太和酒，一醉寿同天地久"的绝句传世。

正因为麻姑象征长寿，所以在民间不断被演绎传说，到了明代即有画家作《麻姑献寿图》，作为寿礼。其形象大多为少女，手托仙桃、佛手或酒壶，身边有鹤、鹿为伴，并有青松、福海为背景。一般而言，送给女性长者的为麻姑形象，而送给男性的则是南极仙翁。

古往今来，我国民间祭祀麻姑的节庆一直比较多，而且同中有异，异中又有同。南方和北方最一致的是农历三月初三为"麻姑献寿日"，这个节日既是麻姑给王母娘娘献寿的日子，也是麻姑给普天下"女寿星"献寿的日子。

在湖北省麻城市农历四月初十、十月初四是非常热闹的日子，因为麻城人认为四月初十是麻姑的生日，十月初四是麻姑成道升仙的日子。因此，这两天到麻姑洞去进香的人特别多。一是为了祝贺麻姑，二是为自己祈求福寿。

此外，农历七月初七是"麻姑临凡日"，又名"麻姑鹤降日"，在全国各地，主要是南方各地，尤其是江西、江苏、湖北、浙江等地，每年的这一天都要举行庆祝活动。特别是到了唐代以后，地方官员每年七月初七都要在麻姑山上、麻姑洞或麻姑庙前举行隆重的祭祀活动，祈求神灵感应，恩赐丰年。

阅读链接

传说麻姑在修真的途中曾遇仙人指点，便来到五脑山北端仙居山的半山腰，这里山不高但秀气无比，确如仙境般，仙人用手一指，地裂山开，奇洞形成。

这个洞口坐北面南，洞内中空如屋，洞底有一池，鱼游其中，山泉不绝，冬饮不觉凉，夏饮清热解表，洞上悬石支架，背后平台可容纳数百人，东南诸峰作护卫屏障，西北则烟云缭绕。麻姑就在洞中开始了漫长的修炼生活，终于得道成仙。